사랑플러스 편집부 엮음

어린이를 위한
로마서 히브리서 쓰기

성경 필사노트

사랑플러스

일러두기

본서에 사용한 《성경전서 개역개정판》 로마서, 히브리서의 저작권은 재단법인 대한성서공회 소유이며 재단법인 대한성서공회의 허락을 받고 사용했습니다.

이 필사 노트를
다음과 같이 활용하시면 더욱 유익합니다.

❶ 주중에는 성경 말씀을 따라씁니다

- 아이들이 쓰기에 부담스럽지 않도록 주별로 구분하였습니다.
- 일주일에 두 장씩 쓸 수 있습니다.

첫째 주 **로마서**

1장
1 예수 그리스도의 종
바울은 사도로 부르심을
받아 하나님의 복음을
위하여 택정함을 입었으
니 2 이 복음은 하나님
이 선지자들을 통하여
그의 아들에 관하여 성

1 그러므로 남을 판단하
는 사람아, 누구를 막
론하고 네가 핑계하지 2장
못할 것은 남을 판단하
는 것으로 네가 너를
정죄함이니 판단하는 네
가 같은 일을 행함이니
라 2 이런 일을 행하는
자에게 하나님의 심판이

❷ 주말에는 중요 구절을 암송합니다

- 각 장의 중요 구절을 뽑아 설명을 곁들여 구절에 대한 이해를 돕고 있습니다.
- 일주일에 두 구절을 쓰면서 암송할 수 있습니다.

이번 주 암송 구절 1

복음에는 하나님의 의가 나타나서 믿음으로
믿음에 이르게 하나니 기록된 바 오직 의인은 믿음으로
말미암아 살리라 함과 같으니라 (로마서 1장 17절)

복음에는 구원의 능력이 있어요. 왜냐하면 복음에 하나님의 의가 나타나기 때문이에요. 그리고 하나님의 의에는 하나님이 하시는 모든 선한 일과 공정한 심판, 그리고 우리를 향한 사랑이 담겨 있어요. 이것은 오직 믿음으로만 알 수 있답니다.

복	음	에	는		하	나	님	의		의	가
나	타	나	서		믿	음	으	로		믿	음
에		이	르	게		하	나	니		기	록
된		바		오	직		의	인	은		믿

이번 주 암송 구절 2

무릇 율법 없이 범죄한 자는 또한 율법 없이 망하고
무릇 율법이 있고 범죄한 자는 율법으로 말미암아
심판을 받으리라 (로마서 2장 12절)

하나님은 이스라엘 백성에게 율법을 주셨어요. 그러나 율법을 가졌다고 구원을 받는 것은 아니에요. 하나님께 의롭다고 인정받을 만큼 율법에 순종할 수 있는 사람은 없기 때문이에요. 오직 예수님을 믿는 믿음을 통해 은혜로만 구원받을 수 있어요.

무	릇		율	법		없	이		범	죄	한
자	는		또	한		율	법		없	이	
망	하	고		무	릇		율	법	이		있
고		범	죄	한		자	는		율	법	으

❸ 암송한 성경구절을 확인합니다

- 간단한 게임을 통해 암송한 성경구절을 다시 확인하는 시간을 가집니다.
- 아이들이 재미있게 참여할 수 있습니다.

성경구절 고치기

암송한 말씀을 기억하며 아래의 문장에서 잘못된 곳을 고쳐보세요.

복음에는 하나님의 ~~이기~~ 의가 나타나서
믿음으로 ~~사랑에~~ 믿음에 이르게 하나니 기록된 바
오직 ~~죄인은~~ 의인은 믿음으로 말미암아 살리라 함과
같으니라 (로마서 1장 17절)

무릇 율법 없이 범죄한 자는 또한 믿음 없이

❹ 한 줄 기도로 나만의 기도문을 작성합니다

- 한 주간 말씀을 필사하며 느낀 점을 한 줄 기도로 정리해봅시다.
- 자신의 감정을 정리하여 문장이나 단어로 표현하는 능력을 기를 수 있습니다.

한 줄 기도

한 주 동안 성경을 따라쓰며 느낀 점을 한 줄 기도로 적어보세요.
예시) 크신 하나님이 나의 아버지가 되어주셔서 감사합니다.

하나님 저를 사랑해주셔서 감사해요.

첫째 주

로마서

1장

1 예수 그리스도의 종
바울은 사도로 부르심을
받아 하나님의 복음을
위하여 택정함을 입었으
니 2 이 복음은 하나님
이 선지자들을 통하여
그의 아들에 관하여 성
경에 미리 약속하신 것
이라 3 그의 아들에 관
하여 말하면 육신으로는
다윗의 혈통에서 나셨고
4 성결의 영으로는 죽은
자들 가운데서 부활하사
능력으로 하나님의 아들
로 선포되셨으니 곧 우
리 주 예수 그리스도시
니라 5 그로 말미암아

우리가 은혜와 사도의
직분을 받아 그의 이름
을 위하여 모든 이방인
중에서 믿어 순종하게
하나니 6 너희도 그들
중에서 예수 그리스도의
것으로 부르심을 받은
자니라 7 로마에서 하나
님의 사랑하심을 받고
성도로 부르심을 받은
모든 자에게 하나님 우
리 아버지와 주 예수
그리스도로부터 은혜와
평강이 있기를 원하노라
8 먼저 내가 예수 그리
스도로 말미암아 너희
모든 사람에 관하여 내
하나님께 감사함은 너희

믿음이 온 세상에 전파
됨이로다 9 내가 그의
아들의 복음 안에서 내
심령으로 섬기는 하나님
이 나의 증인이 되시거
니와 항상 내 기도에
쉬지 않고 너희를 말하
며 10 어떻게 하든지 이
제 하나님의 뜻 안에서
너희에게로 나아갈 좋은
길 얻기를 구하노라 11
내가 너희 보기를 간절
히 원하는 것은 어떤
신령한 은사를 너희에게
나누어 주어 너희를 견
고하게 하려 함이니 12
이는 곧 내가 너희 가
운데서 너희와 나의 믿

음으로 말미암아 피차
안위함을 얻으려 함이라
13 형제들아 내가 여러
번 너희에게 가고자 한
것을 너희가 모르기를
원하지 아니하노니 이는
너희 중에서도 다른 이
방인 중에서와 같이 열
매를 맺게 하려 함이로
되 지금까지 길이 막혔
도다 14 헬라인이나 야만
인이나 지혜 있는 자나
어리석은 자에게 다 내
가 빚진 자라 15 그러므
로 나는 할 수 있는
대로 로마에 있는 너희
에게도 복음 전하기를
원하노라 16 내가 복음을

부끄러워하지 아니하노니
이 복음은 모든 믿는
자에게 구원을 주시는
하나님의 능력이 됨이라
먼저는 유대인에게요 그
리고 헬라인에게로다 17
복음에는 하나님의 의가
나타나서 믿음으로 믿음
에 이르게 하나니 기록
된 바 오직 의인은 믿
음으로 말미암아 살리라
함과 같으니라 18 하나님
의 진노가 불의로 진리
를 막는 사람들의 모든
경건하지 않음과 불의에
대하여 하늘로부터 나타
나나니 19 이는 하나님을
알 만한 것이 그들 속

에 보임이라 하나님께서
이를 그들에게 보이셨느
니라 20 창세로부터 그의
보이지 아니하는 것들
곧 그의 영원하신 능력
과 신성이 그가 만드신
만물에 분명히 보여 알
려졌나니 그러므로 그들
이 핑계하지 못할지니라
21 하나님을 알되 하나님
을 영화롭게도 아니하며
감사하지도 아니하고 오
히려 그 생각이 허망하
여지며 미련한 마음이
어두워졌나니 22 스스로
지혜 있다 하나 어리석
게 되어 23 썩어지지 아
니하는 하나님의 영광을

썩어질 사람과 새와 짐
승과 기어 다니는 동물
모양의 우상으로 바꾸었
느니라 24 그러므로 하나
님께서 그들을 마음의
정욕대로 더러움에 내버
려 두사 그들의 몸을
서로 욕되게 하게 하셨
으니 25 이는 그들이 하
나님의 진리를 거짓 것
으로 바꾸어 피조물을
조물주보다 더 경배하고
섬김이라 주는 곧 영원
히 찬송할 이시로다 아
멘 26 이 때문에 하나님
께서 그들을 부끄러운
욕심에 내버려 두셨으니
곧 그들의 여자들도 순

리대로 쓸 것을 바꾸어
역리로 쓰며 27 그와 같
이 남자들도 순리대로
여자 쓰기를 버리고 서
로 향하여 음욕이 불
일듯 하매 남자가 남자
와 더불어 부끄러운 일
을 행하여 그들의 그릇
됨에 상당한 보응을 그
들 자신이 받았느니라
28 또한 그들이 마음에
하나님 두기를 싫어하매
하나님께서 그들을 그
상실한 마음대로 내버려
두사 합당하지 못한 일
을 하게 하셨으니 29 곧
모든 불의, 추악, 탐
욕, 악의가 가득한 자

요 시기, 살인, 분쟁,
사기, 악독이 가득한
자요 수군수군하는 자요
30 비방하는 자요 하나님
께서 미워하시는 자요
능욕하는 자요 교만한
자요 자랑하는 자요 악
을 도모하는 자요 부모
를 거역하는 자요 31 우
매한 자요 배약하는 자
요 무정한 자요 무자비
한 자라 32 그들이 이
같은 일을 행하는 자는
사형에 해당한다고 하나
님께서 정하심을 알고도
자기들만 행할 뿐 아니
라 또한 그런 일을 행
하는 자들을 옳다 하느

니라

1 그러므로 남을 판단하
는 사람아, 누구를 막
론하고 네가 핑계하지
못할 것은 남을 판단하
는 것으로 네가 너를
정죄함이니 판단하는 네
가 같은 일을 행함이니
라 2 이런 일을 행하는
자에게 하나님의 심판이
진리대로 되는 줄 우리
가 아노라 3 이런 일을
행하는 자를 판단하고도
같은 일을 행하는 사람
아, 네가 하나님의 심
판을 피할 줄로 생각하
느냐 4 혹 네가 하나님

의 인자하심이 너를 인
도하여 회개하게 하심을
알지 못하여 그의 인자
하심과 용납하심과 길이
참으심이 풍성함을 멸시
하느냐 5 다만 네 고집
과 회개하지 아니한 마
음을 따라 진노의 날
곧 하나님의 의로우신
심판이 나타나는 그날에
임할 진노를 네게 쌓는
도다 6 하나님께서 각
사람에게 그 행한 대로
보응하시되 7 참고 선을
행하여 영광과 존귀와
썩지 아니함을 구하는
자에게는 영생으로 하시
고 8 오직 당을 지어

진리를 따르지 아니하고 불의를 따르는 자에게는 진노와 분노로 하시리라
9 악을 행하는 각 사람의 영에는 환난과 곤고가 있으리니. 먼저는 유대인에게요 그리고 헬라인에게며
10 선을 행하는 각 사람에게는 영광과 존귀와 평강이 있으리니 먼저는 유대인에게요 그리고 헬라인에게라
11 이는 하나님께서 외모로 사람을 취하지 아니하심이라
12 무릇 율법 없이 범죄한 자는 또한 율법 없이 망하고 무릇 율법이 있고 범죄한 자는

율법으로 말미암아 심판
을 받으리라 13 하나님
앞에서는 율법을 듣는
자가 의인이 아니요 오
직 율법을 행하는 자라
야 의롭다 하심을 얻으
리니 14 (율법 없는 이
방인이 본성으로 율법의
일을 행할 때에는 이
사람은 율법이 없어도
자기가 자기에게 율법이
되나니 15 이런 이들은
그 양심이 증거가 되어
그 생각들이 서로 혹은
고발하며 혹은 변명하여
그 마음에 새긴 율법의
행위를 나타내느니라)
16 곧 나의 복음에 이른

바와 같이 하나님이 예
수 그리스도로 말미암아
사람들의 은밀한 것을
심판하시는 그날이라 17
유대인이라 불리는 네가
율법을 의지하며 하나님
을 자랑하며 18 율법의
교훈을 받아 하나님의
뜻을 알고 지극히 선한
것을 분간하며 19 맹인의
길을 인도하는 자요 어
둠에 있는 자의 빛이요
20 율법에 있는 지식과
진리의 모본을 가진 자
로서 어리석은 자의 교
사요 어린아이의 선생이
라고 스스로 믿으니 21
그러면 다른 사람을 가

르치는 네가 네 자신은
가르치지 아니하느냐 도
둑질하지 말라 선포하는
네가 도둑질하느냐 22 간
음하지 말라 말하는 네
가 간음하느냐 우상을
가증히 여기는 네가 신
전 물건을 도둑질하느냐
23 율법을 자랑하는 네가
율법을 범함으로 하나님
을 욕되게 하느냐 24 기
록된 바와 같이 하나님
의 이름이 너희 때문에
이방인 중에서 모독을
받는도다 25 네가 율법을
행하면 할례가 유익하나
만일 율법을 범하면 네
할례는 무할례가 되느니

라 26 그런즉 무할례자가 율법의 규례를 지키면 그 무할례를 할례와 같이 여길 것이 아니냐 27 또한 본래 무할례자가 율법을 온전히 지키면 율법 조문과 할례를 가지고 율법을 범하는 너를 정죄하지 아니하겠느냐 28 무릇 표면적 유대인이 유대인이 아니요 표면적 육신의 할례가 할례가 아니니라 29 오직 이면적 유대인이 유대인이며 할례는 마음에 할지니 영에 있고 율법 조문에 있지 아니한 것이라 그 칭찬이 사람에

게서가 아니요 다만 하나님에게서니라

이번 주 암송 구절 1

복음에는 하나님의 의가 나타나서 믿음으로
믿음에 이르게 하나니 기록된 바 오직 의인은 믿음으로
말미암아 살리라 함과 같으니라 (로마서 1장 17절)

복음에는 구원의 능력이 있어요. 왜냐하면 복음에 하나님의 의가 나타나기 때문이에요. 그리고 하나님의 의에는 하나님이 하시는 모든 선한 일과 공정한 심판, 그리고 우리를 향한 사랑이 담겨 있어요. 이것은 오직 믿음으로만 알 수 있답니다.

복	음	에	는		하	나	님	의		의	가
나	타	나	서		믿	음	으	로		믿	음
에		이	르	게		하	나	니		기	록
된		바		오	직		의	인	은		믿
음	으	로		말	미	암	아		살	리	라
함	과		같	으	니	라					

이번 주 암송 구절 2

무릇 율법 없이 범죄한 자는 또한 율법 없이 망하고
무릇 율법이 있고 범죄한 자는 율법으로 말미암아
심판을 받으리라 (로마서 2장 12절)

하나님은 이스라엘 백성에게 율법을 주셨어요. 그러나 율법을 가졌다고 구원을 받는 것은 아니에요. 하나님께 의롭다고 인정받을 만큼 율법에 순종할 수 있는 사람은 없기 때문이에요. 오직 예수님을 믿는 믿음을 통해 은혜로만 구원받을 수 있어요.

무릇 율법 없이 범죄한 자는 또한 율법 없이 망하고 무릇 율법이 있고 범죄한 자는 율법으로 말미암아 심판을 받으리라

성경구절 고치기

암송한 말씀을 기억하며 아래의 문장에서 잘못된 곳을 고쳐보세요.

복음에는 하나님의 이가 나타나서
믿음으로 사랑에 이르게 하나니 기록된 바
오직 죄인은 믿음으로 말미암아 살리라 함과
같으니라 (로마서 1장 17절)

무릇 율법 없이 범죄한 자는 또한 믿음 없이
망하고 무릇 율법이 있고 정죄한 자는 율법으로
말미암아 칭찬을 받으리라 (로마서 2장 12절)

한 줄 기도

한 주 동안 성경을 따라쓰며 느낀 점을 한 줄 기도로 적어보세요.
예시) 크신 하나님이 나의 아버지가 되어주셔서 감사합니다.

1 그런즉 유대인의 나음이 무엇이며 할례의 유익이 무엇이냐
2 범사에 많으니 우선은 그들이 하나님의 말씀을 맡았음이니라
3 어떤 자들이 믿지 아니하였으면 어찌하리요 그 믿지 아니함이 하나님의 미쁘심을 폐하겠느냐
4 그럴 수 없느니라 사람은 다 거짓되되 오직 하나님은 참되시다 할지어다 기록된 바 주께서 주의 말씀에 의롭다 함을 얻으시고 판단 받으실 때에 이기려 하심이라 함과

같으니라 5 그러나 우리
불의가 하나님의 의를
드러나게 하면 무슨 말
하리요 [내가 사람의
말하는 대로 말하노니]
진노를 내리시는 하나님
이 불의하시냐 6 결코
그렇지 아니하니라 만일
그러하면 하나님께서 어
찌 세상을 심판하시리요
7 그러나 나의 거짓말로
하나님의 참되심이 더
풍성하여 그의 영광이
되었다면 어찌 내가 죄
인처럼 심판을 받으리요
8 또는 그러면 선을 이
루기 위하여 악을 행하
자 하지 않겠느냐 어떤

이들이 이렇게 비방하여
우리가 이런 말을 한다
고 하니 그들은 정죄
받는 것이 마땅하니라
9 그러면 어떠하냐 우리
는 나으냐 결코 아니라
유대인이나 헬라인이나
다 죄 아래에 있다고
우리가 이미 선언하였느
니라 10 기록된 바 의인
은 없나니 하나도 없으
며 11 깨닫는 자도 없고
하나님을 찾는 자도 없
고 12 다 치우쳐 함께
무익하게 되고 선을 행
하는 자는 없나니 하나
도 없도다 13 그들의 목
구멍은 열린 무덤이요

그 혀로는 속임을 일삼
으며 그 입술에는 독사
의 독이 있고 14 그 입
에는 저주와 악독이 가
득하고 15 그 발은 피
흘리는데 빠른지라 16
파멸과 고생이 그 길에
있어 17 평강의 길을 알
지 못하였고 18 그들의
눈앞에 하나님을 두려워
함이 없느니라 함과 같
으니라 19 우리가 알거니
와 무릇 율법이 말하는
바는 율법 아래에 있는
자들에게 말하는 것이니
이는 모든 입을 막고
온 세상으로 하나님의
심판 아래에 있게 하려

함이라 20 그러므로 율법
의 행위로 그의 앞에
의롭다 하심을 얻을 육
체가 없나니 율법으로는
죄를 깨달음이니라 21 이
제는 율법 외에 하나님
의 한 의가 나타났으니
율법과 선지자들에게 증
거를 받은 것이라 22 곧
예수 그리스도를 믿음으
로 말미암아 모든 믿는
자에게 미치는 하나님의
의니 차별이 없느니라
23 모든 사람이 죄를 범
하였으매 하나님의 영광
에 이르지 못하더니 24
그리스도 예수 안에 있
는 속량으로 말미암아

하나님의 은혜로 값없이
의롭다 하심을 얻은 자
되었느니라 25 이 예수를
하나님이 그의 피로써
믿음으로 말미암는 화목
제물로 세우셨으니 이는
하나님께서 길이 참으시
는 중에 전에 지은 죄
를 간과하심으로 자기의
의로우심을 나타내려 하
심이니 26 곧 이때에 자
기의 의로우심을 나타내
사 자기도 의로우시며
또한 예수 믿는 자를
의롭다 하려 하심이라
27 그런즉 자랑할 데가
어디냐 있을 수가 없느
니라 무슨 법으로냐 행

워로나 아니라 오직 믿음의 법으로니라 28 그러므로 사람이 의롭다 하심을 얻는 것은 율법의 행위에 있지 않고 믿음으로 되는 줄 우리가 인정하노라 29 하나님은 다만 유대인의 하나님이시냐 또한 이방인의 하나님은 아니시냐 진실로 이방인의 하나님도 되시느니라 30 할례자도 믿음으로 말미암아 또한 무할례자도 믿음으로 말미암아 의롭다 하실 하나님은 한 분이시니라 31 그런즉 우리가 믿음으로 말미암아 율법을 파기하

느냐 그럴 수 없느니라
도리어 율법을 굳게 세
우느니라

4장

1 그런즉 육신으로 우리
조상인 아브라함이 무엇
을 얻었다 하리요 2 만
일 아브라함이 행위로써
의롭다 하심을 받았으면
자랑할 것이 있으려니와
하나님 앞에서는 없느니
라 3 성경이 무엇을 말
하느냐 아브라함이 하나
님을 믿으매 그것이 그
에게 의로 여겨진 바
되었느니라 4 일하는 자
에게는 그 삯이 은혜로
여겨지지 아니하고 보수

로 여겨지거니와 5 일을
아니할지라도 경건하지
아니한 자를 의롭다 하
시는 이를 믿는 자에게
는 그의 믿음을 의로
여기시나니 6 일한 것이
없이 하나님께 의로 여
기심을 받는 사람의 복
에 대하여 다윗이 말한
바 7 불법이 사함을 받
고 죄가 가리어짐을 받
는 사람들은 복이 있고
8 주께서 그 죄를 인정
하지 아니하실 사람은
복이 있도다 함과 같으
니라 9 그런즉 이 복이
할례자에게냐 혹은 무할
례자에게도냐 무릇 우리

가 말하기를 아브라함에
게는 그 믿음이 의로
여겨졌다 하노라 10 그런
즉 그것이 어떻게 여겨
졌느냐 할례시냐 무할례
시냐 할례시가 아니요
무할례시니라 11 그가 할
례의 표를 받은 것은
무할례시에 믿음으로 된
의를 인친 것이니 이는
무할례자로서 믿는 모든
자의 조상이 되어 그들
도 의로 여기심을 얻게
하려 하심이라 12 또한
할례자의 조상이 되었나
니 곧 할례 받을 자에
게뿐 아니라 우리 조상
아브라함이 무할례시에

가졌던 믿음의 자취를
따르는 자들에게도 그러
하니라 13 아브라함이나
그 후손에게 세상의 상
속자가 되리라고 하신
언약은 율법으로 말미암
은 것이 아니요 오직
믿음의 의로 말미암은
것이니라 14 만일 율법에
속한 자들이 상속자이면
믿음은 헛것이 되고 약
속은 파기되었느니라 15
율법은 진노를 이루게
하나니 율법이 없는 곳
에는 범법도 없느니라
16 그러므로 상속자가 되
는 그것이 은혜에 속하
기 위하여 믿음으로 되

나니 이는 그 약속을
그 모든 후손에게 굳게
하려 하심이라 율법에
속한 자에게뿐만 아니라
아브라함의 믿음에 속한
자에게도 그러하니 아브
라함은 우리 모든 사람
의 조상이라 17 기록된
바 내가 너를 많은 민
족의 조상으로 세웠다
하심과 같으니 그가 믿
은 바 하나님은 죽은
자를 살리시며 없는 것
을 있는 것으로 부르시
는 이시니라 18 아브라함
이 바랄 수 없는 중에
바라고 믿었으니 이는
네 후손이 이 같으리라

하신 말씀대로 많은 민
족의 조상이 되게 하려
하심이라 19 그가 백세
나 되어 자기 몸이 죽
은 것 같고 사라의 태
가 죽은 것 같음을 알
고도 믿음이 약하여지지
아니하고 20 믿음이 없어
하나님의 약속을 의심하
지 않고 믿음으로 견고
하여져서 하나님께 영광
을 돌리며 21 약속하신
그것을 또한 능히 이루
실 줄을 확신하였으니
22 그러므로 그것이 그에
게 의로 여겨졌느니라
23 그에게 의로 여겨졌다
기록된 것은 아브라함만

위한 것이 아니요

24 의로 여기심을 받을 우리도 위함이니 곧 예수 우리 주를 죽은 자 가운데서 살리신 이를 믿는 자니라

25 예수는 우리가 범죄한 것 때문에 내줌이 되고 또한 우리를 의롭다 하시기 위하여 살아나셨느니라

이번 주 암송 구절 1

그리스도 예수 안에 있는 속량으로 말미암아
하나님의 은혜로 값없이 의롭다 하심을 얻은 자 되었느니라
(로마서 3장 24절)

'의롭다 하심을 얻었다'는 것은 하나님이 '죄가 없다고 선언하셨다'는 뜻이에요. '속량'이란 노예 상태에 있던 사람의 몸값을 내고 그를 자유롭게 풀어 주는 거예요. 예수님은 자기의 생명을 우리의 몸값으로 내시고 우리에게 자유를 주셨어요.

그	리	스	도		예	수		안	에		있
는		속	량	으	로		말	미	암	아	
하	나	님	의		은	혜	로		값	없	이
의	롭	다		하	심	을		얻	은		자
되	었	느	니	라							

이번 주 암송 구절 2

예수는 우리가 범죄한 것 때문에 내줌이 되고
또한 우리를 의롭다 하시기 위하여 살아나셨느니라
(로마서 4장 25절)

예수님은 우리의 죄 문제를 해결하기 위해 자기의 생명을 던지셨고, 또 우리를 의롭게 만들기 위해 죽음에서 부활하셨어요. 그렇게 해서 우리는 생명을 얻을 뿐만 아니라 예수님과 깊은 관계를 맺게 되었어요.

예수는 우리가 범죄한 것 때문에 내줌이 되고 또한 우리를 의롭다 하시기 위하여 살아나셨느니라

성경구절 고치기

암송한 말씀을 기억하며 아래의 문장에서 잘못된 곳을 고쳐보세요.

그리스도 예수 안에 있는 속죄로 말미암아
하나님의 은혜로 값있게 의롭다 하심을
잃은 자 되었느니라 (로마서 3장 24절)

예수는 너희가 범죄한 것 때문에 내줌이 되고
또한 우리를 죄 있다 하시기 위하여
살아나셨느니라 (로마서 4장 25절)

한 줄 기도

한 주 동안 성경을 따라쓰며 느낀 점을 한 줄 기도로 적어보세요.

예시) 크신 하나님이 나의 아버지가 되어주셔서 감사합니다.

셋째 주

로마서

5장

1 그러므로 우리가 믿음으로 의롭다 하심을 받았으니 우리 주 예수 그리스도로 말미암아 하나님과 화평을 누리자

2 또한 그로 말미암아 우리가 믿음으로 서 있는 이 은혜에 들어감을 얻었으며 하나님의 영광을 바라고 즐거워하느니라

3 다만 이뿐 아니라 우리가 환난 중에도 즐거워하나니 이는 환난은 인내를,

4 인내는 연단을, 연단은 소망을 이루는 줄 앎이로다

5 소망이 우리를 부끄럽게

하지 아니함은 우리에게
주신 성령으로 말미암아
하나님의 사랑이 우리
마음에 부은 바 됨이니
6 우리가 아직 연약할
때에 기약대로 그리스도
께서 경건하지 않은 자
를 위하여 죽으셨도다
7 의인을 위하여 죽는
자가 쉽지 않고 선인을
위하여 용감히 죽는 자
가 혹 있거니와 8 우리
가 아직 죄인 되었을
때에 그리스도께서 우리
를 위하여 죽으심으로
하나님께서 우리에 대한
자기의 사랑을 확증하셨
느니라 9 그러면 이제

우리가 그의 피로 말미
암아 의롭다 하심을 받
았으니 더욱 그로 말미
암아 진노하심에서 구원
을 받을 것이니 10 곧
우리가 원수 되었을 때
에 그의 아들의 죽으심
으로 말미암아 하나님과
화목하게 되었은즉 화목
하게 된 자로서는 더욱
그의 살아나심으로 말미
암아 구원을 받을 것이
니라 11 그뿐 아니라 이
제 우리로 화목하게 하
신 우리 주 예수 그리
스도로 말미암아 하나님
안에서 또한 즐거워하느
니라 12 그러므로 한 사

람으로 말미암아 죄가
세상에 들어오고 죄로
말미암아 사망이 들어왔
나니 이와 같이 모든
사람이 죄를 지었으므로
사망이 모든 사람에게
이르렀느니라 13 죄가 율
법 있기 전에도 세상에
있었으나 율법이 없었을
때에는 죄를 죄로 여기
지 아니하였느니라 14 그
러나 아담으로부터 모세
까지 아담의 범죄와 같
은 죄를 짓지 아니한
자들까지도 사망이 왕
노릇 하였나니 아담은
오실 자의 모형이라 15
그러나 이 은사는 그

범죄와 같지 아니하니
곧 한 사람의 범죄를
인하여 많은 사람이 죽
었은즉 더욱 하나님의
은혜와 또한 한 사람
예수 그리스도의 은혜로
말미암은 선물은 많은
사람에게 넘쳤느니라 16
또 이 선물은 범죄한
한 사람으로 말미암은
것과 같지 아니하니 심
판은 한 사람으로 말미
암아 정죄에 이르렀으나
은사는 많은 범죄로 말
미암아 의롭다 하심에
이름이니라 17 한 사람의
범죄로 말미암아 사망이
그 한 사람을 통하여

왕 노릇 하였은즉 더욱 은혜와 의의 선물을 넘치게 받는 자들은 한 분 예수 그리스도를 통하여 생명 안에서 왕 노릇 하리로다 18 그런즉 한 범죄로 많은 사람이 정죄에 이른 것같이 한 의로운 행위로 말미암아 많은 사람이 의롭다 하심을 받아 생명에 이르렀느니라 19 한 사람이 순종하지 아니함으로 많은 사람이 죄인 된 것같이 한 사람이 순종하심으로 많은 사람이 의인이 되리라 20 율법이 들어온 것은 범죄를 더

하게 하려 함이라 그러
나 죄가 더한 곳에 은
혜가 더욱 넘쳤나니 21
이는 죄가 사망 안에서
왕 노릇 한 것같이 은
혜도 또한 의로 말미암
아 왕 노릇 하여 우리
주 예수 그리스도로 말
미암아 영생에 이르게
하려 함이라

6장

1 그런즉 우리가 무슨
말을 하리요 은혜를 더
하게 하려고 죄에 거하
겠느냐 2 그럴 수 없느
니라 죄에 대하여 죽은
우리가 어찌 그 가운데
더 살리요 3 무릇 그리

스도 예수와 합하여 세
례를 받은 우리는 그의
죽으심과 합하여 세례를
받은 줄을 알지 못하느
나 4 그러므로 우리가
그의 죽으심과 합하여
세례를 받음으로 그와
함께 장사되었나니 이는
아버지의 영광으로 말미
암아 그리스도를 죽은
자 가운데서 살리심과
같이 우리로 또한 새
생명 가운데서 행하게
하려 함이라 5 만일 우
리가 그의 죽으심과 같
은 모양으로 연합한 자
가 되었으면 또한 그의
부활과 같은 모양으로

연합한 자도 되리라 6
우리가 알거니와 우리의
옛사람이 예수와 함께
십자가에 못 박힌 것은
죄의 몸이 죽어 다시는
우리가 죄에게 종노릇하
지 아니하려 함이니 7
이는 죽은 자가 죄에서
벗어나 의롭다 하심을
얻었음이라 8 만일 우리
가 그리스도와 함께 죽
었으면 또한 그와 함께
살 줄을 믿노니 9 이는
그리스도께서 죽은 자
가운데서 살아나셨으매
다시 죽지 아니하시고
사망이 다시 그를 주장
하지 못할 줄을 앎이로

라 10 그가 죽으심은 죄
에 대하여 단번에 죽으
심이요 그가 살아 계심
은 하나님께 대하여 살
아 계심이니 11 이와 같
이 너희도 너희 자신을
죄에 대하여는 죽은 자
요 그리스도 예수 안에
서 하나님께 대하여는
살아 있는 자로 여길지
어다 12 그러므로 너희는
죄가 너희 죽을 몸을
지배하지 못하게 하여
몸의 사욕에 순종하지
말고 13 또한 너희 지체
를 불의의 무기로 죄에
게 내주지 말고 오직
너희 자신을 죽은 자

가운데서 다시 살아난
자같이 하나님께 드리며
너희 지체를 의의 무기
로 하나님께 드리라 14
죄가 너희를 주장하지
못하리니 이는 너희가
법 아래에 있지 아니하
고 은혜 아래에 있음이
라 15 그런즉 어찌하리요
우리가 법 아래에 있지
아니하고 은혜 아래에
있으니 죄를 지으리요
그럴 수 없느니라 16 너
희 자신을 종으로 내주
어 누구에게 순종하든지
그 순종함을 받는 자의
종이 되는 줄을 너희가
알지 못하느냐 혹은 죄

의 종으로 사망에 이르
고 혹은 순종의 종으로
의에 이르느니라 17 하나
님께 감사하리로다 너희
가 본래 죄의 종이더니
너희에게 전하여 준 바
교훈의 본을 마음으로
순종하여 18 죄로부터 해
방되어 의에게 종이 되
었느니라 19 너희 육신이
연약하므로 내가 사람의
예대로 말하노니 전에
너희가 너희 지체를 부
정과 불법에 내주어 불
법에 이른 것같이 이제
는 너희 지체를 의에게
종으로 내주어 거룩함에
이르라 20 너희가 죄의

종이 되었을 때에는 의
에 대하여 자유로웠느니
라 21 너희가 그때에 무
슨 열매를 얻었느냐 이
제는 너희가 그 일을
부끄러워하나니 이는 그
마지막이 사망이라 22
그러나 이제는 너희가
죄로부터 해방되고 하나
님께 종이 되어 거룩함
에 이르는 열매를 맺었
으니 그 마지막은 영생
이라 23 죄의 삯은 사망
이요 하나님의 은사는
그리스도 예수 우리 주
안에 있는 영생이니라

이번 주 암송 구절 1

우리가 아직 죄인 되었을 때에 그리스도께서
우리를 위하여 죽으심으로 하나님께서 우리에 대한
자기의 사랑을 확증하셨느니라 (로마서 5장 8절)

세상에는 사랑하고 존경하는 대상을 위해 자기 목숨을 버리는 사람이 있어요. 하지만 죄인을 위해 대신 죽을 사람은 없지요. 그래서 예수님이 죄인인 우리를 위해 대신 죽으셨다는 사실은 예수님이 우리를 얼마나 사랑하시는지를 보여줘요.

우	리	가		아	직		죄	인		되	었
을		때	에		그	리	스	도	께	서	
우	리	를		위	하	여		죽	으	심	으
로		하	나	님	께	서		우	리	에	
대	한		자	기	의		사	랑	을		확
증	하	셨	느	니	라						

이번 주 암송 구절 2

또한 너희 지체를 불의의 무기로 죄에게 내주지 말고 오직 너희
자신을 죽은 자 가운데서 다시 살아난 자같이 하나님께 드리며
너희 지체를 의의 무기로 하나님께 드리라 (로마서 6장 13절)

죄에게 내준다는 말은 죄의 노예가 되어 섬긴다는 뜻이에요. 그러나 우리는 예수님 안에서 새로운 신분을 받았기 때문에 죄의 지배를 받을 이유가 없어요. 우리는 우리의 모든 것을 하나님께 드리고 구원받은 사람답게 살아야 해요.

또	한		너	희		지	체	를		불	의
의		무	기	로		죄	에	게		내	주
지		말	고		오	직		너	희		자
신	을		죽	은		자		가	운	데	서
다	시		살	아	난		자	같	이		하
나	님	께		드	리	며		너	희		지
체	를		의	의		무	기	로		하	나
님	께		드	리	라						

성경구절 고치기

암송한 말씀을 기억하며 아래의 문장에서 잘못된 곳을 고쳐보세요.

우리가 아직 의인 되었을 때에 그리스도께서
우리를 위하여 기다리심으로 하나님께서 우리에
대한 자기의 자랑을 확증하셨느니라
(로마서 5장 8절)
또한 너희 지체를 정의의 무기로 남에게 내주지
말고 오직 너희 자신을 잠든 자 가운데서 다시
살아난 자같이 하나님께 드리며 너희 지체를
불의의 무기로 하나님께 드리라(로마서 6장 13절)

한 줄 기도

한 주 동안 성경을 따라쓰며 느낀 점을 한 줄 기도로 적어보세요.

예시) 크신 하나님이 나의 아버지가 되어주셔서 감사합니다.

1 형제들아 내가 법 아
는 자들에게 말하노니
너희는 그 법이 사람이
살 동안만 그를 주관하
는 줄 알지 못하느냐
2 남편 있는 여인이 그
남편 생전에는 법으로
그에게 매인 바 되나
만일 그 남편이 죽으면
남편의 법에서 벗어나느
니라 3 그러므로 만일
그 남편 생전에 다른
남자에게 가면 음녀라
그러나 만일 남편이 죽
으면 그 법에서 자유롭
게 되나니 다른 남자에
게 갈지라도 음녀가 되

지 아니하느니라 4 그러
므로 내 형제들아 너희
도 그리스도의 몸으로
말미암아 율법에 대하여
죽임을 당하였으니 이는
다른 이 곧 죽은 자
가운데서 살아나신 이에
게 가서 우리가 하나님
을 위하여 열매를 맺게
하려 함이라 5 우리가
육신에 있을 때에는 율
법으로 말미암는 죄의
정욕이 우리 지체 중에
역사하여 우리로 사망을
위하여 열매를 맺게 하
였더니 6 이제는 우리가
얽매였던 것에 대하여
죽었으므로 율법에서 벗

어났으니 이러므로 우리
가 영의 새로운 것으로
섬길 것이요 율법 조문
의 묵은 것으로 아니할
지니라 7 그런즉 우리가
무슨 말을 하리요 율법
이 죄냐 그럴 수 없느
니라 율법으로 말미암지
않고는 내가 죄를 알지
못하였으니 곧 율법이
탐내지 말라 하지 아니
하였더라면 내가 탐심을
알지 못하였으리라 8 그
러나 죄가 기회를 타서
계명으로 말미암아 내
속에서 온갖 탐심을 이
루었나니 이는 율법이
없으면 죄가 죽은 것임

이라 9 전에 율법을 깨
닫지 못했을 때에는 내
가 살았더니 계명이 이
르매 죄는 살아나고 나
는 죽었도다 10 생명에
이르게 할 그 계명이
내게 대하여 도리어 사
망에 이르게 하는 것이
되었도다 11 죄가 기회를
타서 계명으로 말미암아
나를 속이고 그것으로
나를 죽였는지라 12 이로
보건대 율법은 거룩하고
계명도 거룩하고 의로우
며 선하도다 13 그런즉
선한 것이 내게 사망이
되었느냐 그럴 수 없느
니라 오직 죄가 죄로

드러나기 위하여 선한
그것으로 말미암아 나를
죽게 만들었으니 이는
계명으로 말미암아 죄로
심히 죄 되게 하려 함
이라 14 우리가 율법은
신령한 줄 알거니와 나
는 육신에 속하여 죄
아래에 팔렸도다 15 내가
행하는 것을 내가 알지
못하노니 곧 내가 원하
는 것은 행하지 아니하
고 도리어 미워하는 것
을 행함이라 16 만일 내
가 원하지 아니하는 그
것을 행하면 내가 이로
써 율법이 선한 것을
시인하노니 17 이제는 그

것을 행하는 자가 내가
아니요 내 속에 거하는
죄니라 18 내 속 곧 내
육신에 선한 것이 거하
지 아니하는 줄을 아노
니 원함은 내게 있으나
선을 행하는 것은 없노
라 19 내가 원하는 바
선은 행하지 아니하고
도리어 원하지 아니하는
바 악을 행하는도다 20
만일 내가 원하지 아니
하는 그것을 하면 이를
행하는 자는 내가 아니
요 내 속에 거하는 죄
니라 21 그러므로 내가
한 법을 깨달았노니 곧
선을 행하기 원하는 나

에게 악이 함께 있는
것이로다 22 내 속사람으
로는 하나님의 법을 즐
거워하되 23 내 지체 속
에서 한 다른 법이 내
마음의 법과 싸워 내
지체 속에 있는 죄의
법으로 나를 사로잡는
것을 보는도다 24 오호라
나는 곤고한 사람이로다
이 사망의 몸에서 누가
나를 건져 내랴 25 우리
주 예수 그리스도로 말
미암아 하나님께 감사하
리로다 그런즉 내 자신
이 마음으로는 하나님의
법을 육신으로는 죄의
법을 섬기노라

8장

1 그러므로 이제 그리스
도 예수 안에 있는 자
에게는 결코 정죄함이
없나니 2 이는 그리스도
예수 안에 있는 생명의
성령의 법이 죄와 사망
의 법에서 너를 해방하
였음이라 3 율법이 육신
으로 말미암아 연약하여
할 수 없는 그것을 하
나님은 하시나니 곧 죄
로 말미암아 자기 아들
을 죄 있는 육신의 모
양으로 보내어 육신에
죄를 정하사 4 육신을
따르지 않고 그 영을
따라 행하는 우리에게
율법의 요구가 이루어지

게 하려 하심이니라 5
육신을 따르는 자는 육
신의 일을, 영을 따르
는 자는 영의 일을 생
각하나니 6 육신의 생각
은 사망이요 영의 생각
은 생명과 평안이니라
7 육신의 생각은 하나님
과 원수가 되나니 이는
하나님의 법에 굴복하지
아니할 뿐 아니라 할
수도 없음이라 8 육신에
있는 자들은 하나님을
기쁘시게 할 수 없느니
라 9 만일 너희 속에
하나님의 영이 거하시면
너희가 육신에 있지 아
니하고 영에 있나니 누

구든지 그리스도의 영이
없으면 그리스도의 사람
이 아니라 10 또 그리스
도께서 너희 안에 계시
면 몸은 죄로 말미암아
죽은 것이나 영은 의로
말미암아 살아 있는 것
이니라 11 예수를 죽은
자 가운데서 살리신 이
의 영이 너희 안에 거
하시면 그리스도 예수를
죽은 자 가운데서 살리
신 이가 너희 안에 거
하시는 그의 영으로 말
미암아 너희 죽을 몸도
살리시리라 12 그러므로
형제들아 우리가 빚진
자로되 육신에게 져서

육신대로 살 것이 아니
니라 13 너희가 육신대로
살면 반드시 죽을 것이
로되 영으로써 몸의 행
실을 죽이면 살리니 14
무릇 하나님의 영으로
인도함을 받는 사람은
곧 하나님의 아들이라
15 너희는 다시 무서워하
는 종의 영을 받지 아
니하고 양자의 영을 받
았으므로 우리가 아빠
아버지라고 부르짖느니라
16 성령이 친히 우리의
영과 더불어 우리가 하
나님의 자녀인 것을 증
언하시나니 17 자녀이면
또한 상속자 곧 하나님

의 상속자요 그리스도와
함께 한 상속자니 우리
가 그와 함께 영광을
받기 위하여 고난도 함
께 받아야 할 것이니라
18 생각하건대 현재의 고
난은 장차 우리에게 나
타날 영광과 비교할 수
없도다 19 피조물이 고대
하는 바는 하나님의 아
들들이 나타나는 것이니
20 피조물이 허무한 데
굴복하는 것은 자기 뜻
이 아니요 오직 굴복하
게 하시는 이로 말미암
음이라 21 그 바라는 것
은 피조물도 썩어짐의
종노릇한 데서 해방되어

하나님의 자녀들의 영광
의 자유에 이르는 것이
니라 22 피조물이 다 이
제까지 함께 탄식하며
함께 고통을 겪고 있는
것을 우리가 아느니라
23 그뿐 아니라 또한 우
리 곧 성령의 처음 익
은 열매를 받은 우리까
지도 속으로 탄식하여
양자 될 것 곧 우리
몸의 속량을 기다리느니
라 24 우리가 소망으로
구원을 얻었으매 보이는
소망이 소망이 아니니
보는 것을 누가 바라리
요 25 만일 우리가 보지
못하는 것을 바라면 참

음으로 기다릴지니라 26
이와 같이 성령도 우리
의 연약함을 도우시나니
우리는 마땅히 기도할
바를 알지 못하나 오직
성령이 말할 수 없는
탄식으로 우리를 위하여
친히 간구하시느니라 27
마음을 살피시는 이가
성령의 생각을 아시나니
이는 성령이 하나님의
뜻대로 성도를 위하여
간구하심이니라 28 우리가
알거니와 하나님을 사랑
하는 자 곧 그의 뜻대
로 부르심을 입은 자들
에게는 모든 것이 합력
하여 선을 이루느니라

29 하나님이 미리 아신
자들을 또한 그 아들의
형상을 본받게 하기 위
하여 미리 정하셨으니
이는 그로 많은 형제
중에서 맏아들이 되게
하려 하심이니라 30 또
미리 정하신 그들을 또
한 부르시고 부르신 그
들을 또한 의롭다 하시
고 의롭다 하신 그들을
또한 영화롭게 하셨느니
라 31 그런즉 이 일에
대하여 우리가 무슨 말
하리요 만일 하나님이
우리를 위하시면 누가
우리를 대적하리요 32 자
기 아들을 아끼지 아니

하시고 우리 모든 사람
을 위하여 내주신 이가
어찌 그 아들과 함께
모든 것을 우리에게 주
시지 아니하겠느냐 33 누
가 능히 하나님께서 택
하신 자들을 고발하리요
의롭다 하신 이는 하나
님이시니 34 누가 정죄하
리요 죽으실 뿐 아니라
다시 살아나신 이는 그
리스도 예수시니 그는
하나님 우편에 계신 자
요 우리를 위하여 간구
하시는 자시니라 35 누가
우리를 그리스도의 사랑
에서 끊으리요 환난이나
곤고나 박해나 기근이나

적신이나 위험이나 칼이
라 36 기록된 바 우리가
종일 주를 위하여 죽임
을 당하게 되며 도살
당할 양같이 여김을 받
았나이다 함과 같으니라
37 그러나 이 모든 일에
우리를 사랑하시는 이로
말미암아 우리가 넉넉히
이기느니라 38 내가 확신
하노니 사망이나 생명이
나 천사들이나 권세자들
이나 현재 일이나 장래
일이나 능력이나 39 높음
이나 깊음이나 다른 어
떤 피조물이라도 우리를
우리 주 그리스도 예수
안에 있는 하나님의 사

랑에서 끊을 수 없으리라

이번 주 암송 구절 1

그러므로 내가 한 법을 깨달았노니 곧 선을 행하기 원하는 나에게 악이 함께 있는 것이로다 (로마서 7장 21절)

모든 사람에게는 선한 일을 하려는 마음이 있지만 하나님의 뜻을 거스르는 악한 마음도 깊이 뿌리 박혀 있어요. 우리의 힘으로는 죄를 이길 수 없어요. 오직 예수님만이 우리에게 끊임없이 일어나는 죄 문제를 해결해주실 수 있어요.

그	러	므	로		내	가		한		법	을
깨	달	았	노	니		곧		선	을		행
하	기		원	하	는		나	에	게		악
이		함	께		있	는		것	이	로	다

이번 주 암송 구절 2

이는 그리스도 예수 안에 있는 생명의 성령의 법이 죄와 사망의 법에서 너를 해방하였음이라 (로마서 8장 2절)

하나님은 아들을 제물로 보내셔서 우리 죄의 값을 내셨고, 그 결과로 성령님이 우리를 죄와 사망에서 해방시켜 주셨어요. 우리가 죄에서 벗어날 수 있었던 이유는 예수님을 믿음으로 그분과 하나가 되었기 때문이에요.

이	는		그	리	스	도		예	수		안
에		있	는		생	명	의		성	령	의
법	이		죄	와		사	망	의		법	에
서		너	를		해	방	하	였	음	이	라

성경구절 고치기

암송한 말씀을 기억하며 아래의 문장에서 잘못된 곳을 고쳐보세요.

그러므로 내가 한 법을 알았노니
곧 선을 행하기 원하는 나에게 힘이 함께
있는 것이로다(로마서 7장 21절)

이는 그리스도 예수 안에 있는 죽음의 성령의 법이
죄와 사랑의 법에서 너를 해방하였음이라
(로마서 8장 2절)

한 줄 기도

한 주 동안 성경을 따라쓰며 느낀 점을 한 줄 기도로 적어보세요.

예시) 크신 하나님이 나의 아버지가 되어주셔서 감사합니다.

다섯째 주

로마서

9장

1 - 2 내가 그리스도 안
에서 참말을 하고 거짓
말을 아니하노라 나에게
큰 근심이 있는 것과
마음에 그치지 않는 고
통이 있는 것을 내 양
심이 성령 안에서 나와
더불어 증언하노니 3 나
의 형제 곧 골육의 친
척을 위하여 내 자신이
저주를 받아 그리스도에
게서 끊어질지라도 원하
는 바로라 4 그들은 이
스라엘 사람이라 그들에
게는 양자 됨과 영광과
언약들과 율법을 세우신
것과 예배와 약속들이

있고 5 조상들도 그들의
것이요 육신으로 하면
그리스도가 그들에게서
나셨으니 그는 만물 위
에 계셔서 세세에 찬양
을 받으실 하나님이시니
라 아멘 6 그러나 하나
님의 말씀이 폐하여진
것 같지 않도다 이스라
엘에게서 난 그들이 다
이스라엘이 아니요 7 또
한 아브라함의 씨가 다
그의 자녀가 아니라 오
직 이삭으로부터 난 자
라야 네 씨라 불리리라
하셨으니 8 곧 육신의
자녀가 하나님의 자녀가
아니요 오직 약속의 자

녀가 써로 여기심을 받
느니라 9 약속의 말씀은
이것이니 명년 이때에
내가 이르리니 사라에게
아들이 있으리라 하심이
라 10 그뿐 아니라 또한
리브가가 우리 조상 이
삭 한 사람으로 말미암
아 임신하였는데 11 그
자식들이 아직 나지도
아니하고 무슨 선이나
악을 행하지 아니한 때
에 택하심을 따라 되는
하나님의 뜻이 행위로
말미암지 않고 오직 부
르시는 이로 말미암아
서게 하려 하사 12 리브
가에게 이르시되 큰 자

가 어린 자를 섬기리라 하셨나니
13 기록된 바 내가 야곱은 사랑하고 에서는 미워하였다 하심과 같으니라
14 그런즉 우리가 무슨 말을 하리요 하나님께 불의가 있느냐 그럴 수 없느니라
15 모세에게 이르시되 내가 긍휼히 여길 자를 긍휼히 여기고 불쌍히 여길 자를 불쌍히 여기리라 하셨으니
16 그런즉 원하는 자로 말미암음도 아니요 달음박질하는 자로 말미암음도 아니요 오직 긍휼히 여기시는 하나님으로 말미암음이니

라 17 성경이 바로에게
이르시되 내가 이 일을
위하여 너를 세웠으니
곧 너로 말미암아 내
능력을 보이고 내 이름
이 온 땅에 전파되게
하려 함이라 하셨으니
18 그런즉 하나님께서 하
고자 하시는 자를 긍휼
히 여기시고 하고자 하
시는 자를 완악하게 하
시느니라 19 혹 네가 내
게 말하기를 그러면 하
나님이 어찌하여 허물하
시느냐 누가 그 뜻을
대적하느냐 하리니 20 이
사람아 네가 누구이기에
감히 하나님께 반문하느

냐 지음을 받은 물건이
지은 자에게 어찌 나를
이같이 만들었느냐 말하
겠느냐 21 토기장이가 진
흙 한 덩이로 하나는
귀히 쓸 그릇을, 하나
는 천히 쓸 그릇을 만
들 권한이 없느냐 22 만
일 하나님이 그의 진노
를 보이시고 그의 능력
을 알게 하고자 하사
멸하기로 준비된 진노의
그릇을 오래 참으심으로
관용하시고 23 또한 영광
받기로 예비하신 바 긍
휼의 그릇에 대하여 그
영광의 풍성함을 알게
하고자 하셨을지라도 무

손 말을 하리요 24 이
그릇은 우리니 곧 유대
인 중에서뿐 아니라 이
방인 중에서도 부르신
자니라 25 호세아의 글에
도 이르기를 내가 내
백성 아닌 자를 내 백
성이라, 사랑하지 아니
한 자를 사랑한 자라
부르리라 26 너희는 내
백성이 아니라 한 그곳
에서 그들이 살아 계신
하나님의 아들이라 일컬
음을 받으리라 함과 같
으니라 27 또 이사야가
이스라엘에 관하여 외치
되 이스라엘 자손들의
수가 비록 바다의 모래

갈을지라도 남은 자만
구원을 받으리니 28 주께
서 땅 위에서 그 말씀
을 이루고 속히 시행하
시리라 하셨느니라 29 또
한 이사야가 미리 말한
바 만일 만군의 주께서
우리에게 씨를 남겨 두
지 아니하셨더라면 우리
가 소돔과 같이 되고
고모라와 같았으리로다
함과 같으니라 30 그런즉
우리가 무슨 말을 하리
요 의를 따르지 아니한
이방인들이 의를 얻었으
니 곧 믿음에서 난 의
요 31 의의 법을 따라간
이스라엘은 율법에 이르

지 못하였으니 32 어찌
그러하냐 이는 그들이
믿음을 의지하지 않고
행위를 의지함이라 부딪
칠 돌에 부딪쳤느니라
33 기록된 바 보라 내가
걸림돌과 거치는 바위를
시온에 두노니 그를 믿
는 자는 부끄러움을 당
하지 아니하리라 함과
같으니라

10장

1 형제들아 내 마음에
원하는 바와 하나님께
구하는 바는 이스라엘을
위함이니 곧 그들로 구
원을 받게 함이라 2 내
가 증언하노니 그들이

하나님께 열심이 있으나
올바른 지식을 따른 것
이 아니니라 3 하나님의
의를 모르고 자기 의를
세우려고 힘써 하나님의
의에 복종하지 아니하였
느니라 4 그리스도는 모
든 믿는 자에게 의를
이루기 위하여 율법의
마침이 되시니라 5 모세
가 기록하되 율법으로
말미암는 의를 행하는
사람은 그 의로 살리라
하였거니와 6 믿음으로
말미암는 의는 이같이
말하되 네 마음에 누가
하늘에 올라가겠느냐 하
지 말라 하니 올라가겠

느나 함은 그리스도를
모셔 내리려는 것이요
7 혹은 누가 무저갱에
내려가겠느냐 하지 말라
하니 내려가겠느냐 함은
그리스도를 죽은 자 가
운데서 모셔 올리려는
것이라 8 그러면 무엇을
말하느냐 말씀이 네게
가까워 네 입에 있으며
네 마음에 있다 하였으
니 곧 우리가 전파하는
믿음의 말씀이라 9 네가
만일 네 입으로 예수를
주로 시인하며 또 하나
님께서 그를 죽은 자
가운데서 살리신 것을
네 마음에 믿으면 구원

을 받으리라 10 사람이 마음으로 믿어 의에 이르고 입으로 시인하여 구원에 이르느니라 11 성경에 이르되 누구든지 그를 믿는 자는 부끄러움을 당하지 아니하리라 하니 12 유대인이나 헬라인이나 차별이 없음이라 한 분이신 주께서 모든 사람의 주가 되사 그를 부르는 모든 사람에게 부요하시도다 13 누구든지 주의 이름을 부르는 자는 구원을 받으리라 14 그런즉 그들이 믿지 아니하는 이를 어찌 부르리요 듣지도 못한 이를

어찌 믿으리요 전파하는
자가 없이 어찌 들으리
요 15 보내심을 받지 아
니하였으면 어찌 전파하
리요 기록된 바 아름답
도다 좋은 소식을 전하
는 자들의 발이여 함과
같으니라 16 그러나 그들
이 다 복음을 순종하지
아니하였도다 이사야가
이르되 주여 우리가 전
한 것을 누가 믿었나이
까 하였으니 17 그러므로
믿음은 들음에서 나며
들음은 그리스도의 말씀
으로 말미암았느니라 18
그러나 내가 말하노니
그들이 듣지 아니하였느

냐 그렇지 아니하니 그
소리가 온 땅에 퍼졌고
그 말씀이 땅 끝까지
이르렀도다 하였느니라
19 그러나 내가 말하노니
이스라엘이 알지 못하였
느냐 먼저 모세가 이르
되 내가 백성 아닌 자
로써 너희를 시기하게
하며 미련한 백성으로써
너희를 노엽게 하리라
하였고 20 이사야는 매우
담대하여 내가 나를 찾
지 아니한 자들에게 찾
은 바 되고 내게 묻지
아니한 자들에게 나타났
노라 말하였고 21 이스라
엘에 대하여 이르되 순

종하지 아니하고 거슬러
말하는 백성에게 내가
종일 내 손을 벌렸노라
하였느니라

이번 주 암송 구절 1

의를 따르지 아니한 이방인들이 의를 얻었으니
곧 믿음에서 난 의요 (로마서 9장 30b절)

하나님의 의는 간절히 바라거나 노력한다고 얻을 수 있는 게 아니에요. 오직 우리를 긍휼히 여기시는 하나님의 은혜로만 가능하지요. 예수님을 거부한 유대 사람들은 남은 사람만 구원을 얻지만(27절), 복음을 받아들인 이방 사람들은 믿음으로 의롭게 돼요.

의를 따르지 아니한 이
방인들이 의를 얻었으니
곧 믿음에서 난 의요

이번 주 암송 구절 2

사람이 마음으로 믿어 의에 이르고
입으로 시인하여 구원에 이르느니라 (로마서 10장 10절)

하나님은 이미 우리를 의롭게 하기 위한 준비를 마치셨어요. 그렇기 때문에 우리는 마음으로 믿고 입으로 고백하면 돼요. 입으로 고백하는 것은 믿음의 증거예요. 왜냐하면 예수님을 진정으로 믿는 사람들은 소리 내어 고백할 수밖에 없기 때문이에요.

사람이 마음으로 믿어
의에 이르고 입으로 시
인하여 구원에 이르느니
라

성경구절 고치기

암송한 말씀을 기억하며 아래의 문장에서 잘못된 곳을 고쳐보세요.

그를 따르지 아니한 이방인들이 의를 얻었으니
곧 마음에서 난 의요 (로마서 9장 30b절)

사람이 생각으로 믿어 의에 이르고
입으로 시인하여 영광에 이르느니라
(로마서 10장 10절)

한 줄 기도

한 주 동안 성경을 따라쓰며 느낀 점을 한 줄 기도로 적어보세요.

예시) 크신 하나님이 나의 아버지가 되어주셔서 감사합니다.

여섯째 주

로마서

11장

1 그러므로 내가 말하노
니 하나님이 자기 백성
을 버리셨느냐 그럴 수
없느니라 나도 이스라엘
인이요 아브라함의 씨에
서 난 자요 베냐민 지
파라 2 하나님이 그 미
리 아신 자기 백성을
버리지 아니하셨나니 너
희가 성경이 엘리야를
가리켜 말한 것을 알지
못하느냐 그가 이스라엘
을 하나님께 고발하되
3 주여 그들이 주의 선
지자들을 죽였으며 주의
제단들을 헐어 버렸고
나만 남았는데 내 목숨

도 찾나이다 하니 4 그
에게 하신 대답이 무엇
이냐 내가 나를 위하여
바알에게 무릎을 꿇지
아니한 사람 칠천 명을
남겨 두었다 하셨으니
5 그런즉 이와 같이 지
금도 은혜로 택하심을
따라 남은 자가 있느니
라 6 만일 은혜로 된
것이면 행위로 말미암지
않음이니 그렇지 않으면
은혜가 은혜 되지 못하
느니라 7 그런즉 어떠하
냐 이스라엘이 구하는
그것을 얻지 못하고 오
직 택하심을 입은 자가
얻었고 그 남은 자들은

우둔하여졌느니라 8 기록
된 바 하나님이 오늘까
지 그들에게 혼미한 심
령과 보지 못할 눈과
듣지 못할 귀를 주셨다
함과 같으니라 9 또 다
윗이 이르되 그들의 밥
상이 올무와 덫과 거치
는 것과 보응이 되게
하시옵고 10 그들의 눈은
흐려 보지 못하고 그들
의 등은 항상 굽게 하
옵소서 하였느니라 11 그
러므로 내가 말하노니
그들이 넘어지기까지 실
족하였느냐 그럴 수 없
느니라 그들이 넘어짐으
로 구원이 이방인에게

이르러 이스라엘로 시기나게 함이니라

12 그들의 넘어짐이 세상의 풍성함이 되며 그들의 실패가 이방인의 풍성함이 되거든 하물며 그들의 충만함이리요

13 내가 이방인인 너희에게 말하노라 내가 이방인의 사도인 만큼 내 직분을 영광스럽게 여기노니

14 이는 혹 내 골육을 아무쪼록 시기하게 하여 그들 중에서 얼마를 구원하려 함이라

15 그들을 버리는 것이 세상의 화목이 되거든 그 받아들이는 것이 죽은 자 가운데서

살아나는 것이 아니면
무엇이리요 16 제사하는
처음 익은 곡식 가루가
거룩한즉 떡덩이도 그러
하고 뿌리가 거룩한즉
가지도 그러하니라 17 또
한 가지 얼마가 꺾이었
는데 돌감람나무인 네가
그들 중에 접붙임이 되
어 참감람나무 뿌리의
진액을 함께 받는 자가
되었은즉 18 그 가지들을
향하여 자랑하지 말라
자랑할지라도 네가 뿌리
를 보전하는 것이 아니
요 뿌리가 너를 보전하
는 것이니라 19 그러면
네 말이 가지들이 꺾인

것은 나로 접붙임을 받
게 하려 함이라 하리니
20 옳도다 그들은 믿지
아니하므로 꺾이고 너는
믿으므로 섰느니라 높은
마음을 품지 말고 도리
어 두려워하라 21 하나님
이 원가지들도 아끼지
아니하셨은즉 너도 아끼
지 아니하시리라 22 그러
므로 하나님의 인자하심
과 준엄하심을 보라 넘
어지는 자들에게는 준엄
하심이 있으니 너희가
만일 하나님의 인자하심
에 머물러 있으면 그
인자가 너희에게 있으리
라 그렇지 않으면 너도

찍히는 바 되리라
23 그들도 믿지 아니하는 데 머무르지 아니하면 접붙임을 받으리니 이는 그들을 접붙이실 능력이 하나님께 있음이라
24 네가 원 돌감람나무에서 찍힘을 받고 본성을 거슬러 좋은 감람나무에 접붙임을 받았으니 원가지인 이 사람들이야 얼마나 더 자기 감람나무에 접붙이심을 받으랴
25 형제들아 너희가 스스로 지혜 있다 하면서 이 신비를 너희가 모르기를 내가 원하지 아니하노니 이 신비는 이방인의 충

만한 수가 들어오기까지
이스라엘의 더러는 우둔
하게 된 것이라 26 그리
하여 온 이스라엘이 구
원을 받으리라 기록된
바 구원자가 시온에서
오사 야곱에게서 경건하
지 않은 것을 돌이키시
겠고 27 내가 그들의 죄
를 없이 할 때에 그들
에게 이루어질 내 언약
이 이것이라 함과 같으
니라 28 복음으로 하면
그들이 너희로 말미암아
원수 된 자요 택하심으
로 하면 조상들로 말미
암아 사랑을 입은 자라
29 하나님의 은사와 부르

심에는 후회하심이 없느
니라 30 너희가 전에는
하나님께 순종하지 아니
하더니 이스라엘이 순종
하지 아니함으로 이제
긍휼을 입었는지라 31 이
와 같이 이 사람들이
순종하지 아니하니 이는
너희에게 베푸시는 긍휼
로 이제 그들도 긍휼을
얻게 하려 하심이라 32
하나님이 모든 사람을
순종하지 아니하는 가운
데 가두어 두심은 모든
사람에게 긍휼을 베풀려
하심이로다 33 깊도다 하
나님의 지혜와 지식의
풍성함이여, 그의 판단

은 헤아리지 못할 것이
며 그의 길은 찾지 못
할 것이로다 34 누가 주
의 마음을 알았느냐 누
가 그의 모사가 되었느
냐 35 누가 주께 먼저
드려서 갚으심을 받겠느
냐 36 이는 만물이 주에
게서 나오고 주로 말미
암고 주에게로 돌아감이
라 그에게 영광이 세세
에 있을지어다 아멘

12장

1 그러므로 형제들아 내
가 하나님의 모든 자비
하심으로 너희를 권하노
니 너희 몸을 하나님이
기뻐하시는 거룩한 산

제물로 드리라 이는 너희가 드릴 영적 예배니라 2 너희는 이 세대를 본받지 말고 오직 마음을 새롭게 함으로 변화를 받아 하나님의 선하시고 기뻐하시고 온전하신 뜻이 무엇인지 분별하도록 하라 3 내게 주신 은혜로 말미암아 너희 각 사람에게 말하노니 마땅히 생각할 그 이상의 생각을 품지 말고 오직 하나님께서 각 사람에게 나누어 주신 믿음의 분량대로 지혜롭게 생각하라 4 우리가 한 몸에 많은 지체를

가졌으나 모든 지체가
같은 기능을 가진 것이
아니니 5 이와 같이 우
리 많은 사람이 그리스
도 안에서 한 몸이 되
어 서로 지체가 되었느
니라 6 우리에게 주신
은혜대로 받은 은사가
각각 다르니 혹 예언이
면 믿음의 분수대로,
7 혹 섬기는 일이면 섬
기는 일로, 혹 가르치
는 자면 가르치는 일로,
8 혹 위로하는 자면 위
로하는 일로, 구제하는
자는 성실함으로, 다스
리는 자는 부지런함으로,
긍휼을 베푸는 자는 즐

거움으로 할 것이니라
9 사랑에는 거짓이 없나
니 악을 미워하고 선에
속하라 10 형제를 사랑하
여 서로 우애하고 존경
하기를 서로 먼저 하며
11 부지런하여 게으르지
말고 열심을 품고 주를
섬기라 12 소망 중에 즐
거워하며 환난 중에 참
으며 기도에 항상 힘쓰
며 13 성도들의 쓸 것을
공급하며 손 대접하기를
힘쓰라 14 너희를 박해하
는 자를 축복하라 축복
하고 저주하지 말라 15
즐거워하는 자들과 함께
즐거워하고 우는 자들과

함께 울라
16 서로 마음을 같이하며 높은 데 마음을 두지 말고 도리어 낮은 데 처하며 스스로 지혜 있는 체하지 말라
17 아무에게도 악을 악으로 갚지 말고 모든 사람 앞에서 선한 일을 도모하라
18 할 수 있거든 너희로서는 모든 사람과 더불어 화목하라
19 내 사랑하는 자들아 너희가 친히 원수를 갚지 말고 하나님의 진노하심에 맡기라 기록되었으되 원수 갚는 것이 내게 있으니 내가 갚으리라고 주께서 말씀하시

니라 20 네 원수가 주리
거든 먹이고 목마르거든
마시게 하라 그리함으로
네가 숯불을 그 머리에
쌓아 놓으리라 21 악에게
지지 말고 선으로 악을
이기라

이번 주 암송 구절 1

하나님이 모든 사람을 순종하지 아니하는 가운데 가두어 두심은 모든 사람에게 긍휼을 베풀려 하심이로다

(로마서 11장 32절)

'모든 사람'은 유대 사람과 이방 사람 모두를 가리키는 말이에요. 이스라엘은 주님께 순종하지 않았지만 언젠가는 하나님이 그들의 고집을 없애 주실 거예요. 그리고 그때, 하나님의 자비가 모든 사람에게 차별 없이 내려질 거예요.

하	나	님	이		모	든		사	람	을	
순	종	하	지		아	니	하	는		가	운
데		가	두	어		두	심	은		모	든
사	람	에	게		긍	휼	을		베	풀	려
하	심	이	로	다							

이번 주 암송 구절 2

너희는 이 세대를 본받지 말고 오직 마음을 새롭게 함으로 변화를 받아 하나님의 선하시고 기뻐하시고 온전하신 뜻이 무엇인지 분별하도록 하라 (로마서 12장 2절)

예수님을 믿는 사람은 마음이 세상을 닮지 않고 날마다 하나님을 예배해요. 우리 안에 계신 성령님이 우리 마음을 새롭게 하여 변화되도록 도와주세요. 그때 우리는 어떤 일에서도 하나님의 뜻이 무엇인지 알 수 있어요.

너	희	는		이		세	대	를		본	받
지		말	고		오	직		마	음	을	
새	롭	게		함	으	로		변	화	를	
받	아		하	나	님	의		선	하	시	고
기	뻐	하	시	고		온	전	하	신		뜻
이		무	엇	인	지		분	별	하	도	록
하	라										

성경구절 고치기

암송한 말씀을 기억하며 아래의 문장에서 잘못된 곳을 고쳐보세요.

예수님이 모든 사람을 대답하지 아니하는
가운데 가두어 두심은 일부 사람에게
긍휼을 베풀려 하심이로다
(로마서 11장 32절)

너희는 이 세상을 본받지 말고 오직 얼굴을
새롭게 함으로 변화를 받아 하나님의 선하시고
기뻐하시고 완전하신 뜻이 무엇인지
분별하도록 하라 (로마서 12장 2절)

한 줄 기도

한 주 동안 성경을 따라쓰며 느낀 점을 한 줄 기도로 적어보세요.
예시) 크신 하나님이 나의 아버지가 되어주셔서 감사합니다.

로마서

1 각 사람은 위에 있는
권세들에게 복종하라 권
세는 하나님으로부터 나
지 않음이 없나니 모든
권세는 다 하나님께서
정하신 바라 2 그러므로
권세를 거스르는 자는
하나님의 명을 거스름이
니 거스르는 자들은 심
판을 자취하리라 3 다스
리는 자들은 선한 일에
대하여 두려움이 되지
않고 악한 일에 대하여
되나니 네가 권세를 두
려워하지 아니하려느냐
선을 행하라 그리하면
그에게 칭찬을 받으리라

4 그는 하나님의 사역자
가 되어 네게 선을 베
푸는 자니라 그러나 네
가 악을 행하거든 두려
워하라 그가 공연히 칼
을 가지지 아니하였으니
곧 하나님의 사역자가
되어 악을 행하는 자에
게 진노하심을 따라 보
응하는 자니라 5 그러므
로 복종하지 아니할 수
없으니 진노 때문에 할
것이 아니라 양심을 따
라 할 것이라 6 너희가
조세를 바치는 것도 이
로 말미암음이라 그들이
하나님의 일꾼이 되어
바로 이 일에 항상 힘

쓰느니라 7 모든 자에게
줄 것을 주되 조세를
받을 자에게 조세를 바
치고 관세를 받을 자에
게 관세를 바치고 두려
워할 자를 두려워하며
존경할 자를 존경하라
8 피차 사랑의 빚 외에
는 아무에게든지 아무
빚도 지지 말라 남을
사랑하는 자는 율법을
다 이루었느니라 9 간음
하지 말라, 살인하지
말라, 도둑질하지 말라,
탐내지 말라 한 것과
그 외에 다른 계명이
있을지라도 네 이웃을
네 자신과 같이 사랑하

라 하신 그 말씀 가운
데 다 들었느니라 10 사
랑은 이웃에게 악을 행
하지 아니하나니 그러므
로 사랑은 율법의 완성
이니라 11 또한 너희가
이 시기를 알거니와 자
다가 깰 때가 벌써 되
었으니 이는 이제 우리
의 구원이 처음 믿을
때보다 가까웠음이라 12
밤이 깊고 낮이 가까웠
으니 그러므로 우리가
어둠의 일을 벗고 빛의
갑옷을 입자 13 낮에와
같이 단정히 행하고 방
탕하거나 술 취하지 말
며 음란하거나 호색하지

말며 다투거나 시기하지
말고 14 오직 주 예수
그리스도로 옷 입고 정
욕을 위하여 육신의 일
을 도모하지 말라

14장

1 믿음이 연약한 자를
너희가 받되 그의 의견
을 비판하지 말라 2 어
떤 사람은 모든 것을
먹을 만한 믿음이 있고
믿음이 연약한 자는 채
소만 먹느니라 3 먹는
자는 먹지 않는 자를
업신여기지 말고 먹지
않는 자는 먹는 자를
비판하지 말라 이는 하
나님이 그를 받으셨음이

라 4 남의 하인을 비판
하는 너는 누구냐 그가
서 있는 것이나 넘어지
는 것이 자기 주인에게
있으매 그가 세움을 받
으리니 이는 그를 세우
시는 권능이 주께 있음
이라 5 어떤 사람은 이
날을 저 날보다 낫게
여기고 어떤 사람은 모
든 날을 같게 여기나니
각각 자기 마음으로 확
정할지니라 6 날을 중히
여기는 자도 주를 위하
여 중히 여기고 먹는
자도 주를 위하여 먹으
니 이는 하나님께 감사
함이요 먹지 않는 자도

주를 위하여 먹지 아니
하며 하나님께 감사하느
니라 7 우리 중에 누구
든지 자기를 위하여 사
는 자가 없고 자기를
위하여 죽는 자도 없도
다 8 우리가 살아도 주
를 위하여 살고 죽어도
주를 위하여 죽나니 그
러므로 사나 죽으나 우
리가 주의 것이로다 9
이를 위하여 그리스도께
서 죽었다가 다시 살아
나셨으니 곧 죽은 자와
산 자의 주가 되려 하
심이라 10 네가 어찌하여
네 형제를 비판하느냐
어찌하여 네 형제를 업

신여기느냐 우리가 다
하나님의 심판대 앞에
서리라 11 기록되었으되
주께서 이르시되 내가
살았노니 모든 무릎이
내게 꿇을 것이요 모든
혀가 하나님께 자백하리
라 하였느니라 12 이러므
로 우리 각 사람이 자
기 일을 하나님께 직고
하리라 13 그런즉 우리가
다시는 서로 비판하지
말고 도리어 부딪칠 것
이나 거칠 것을 형제
앞에 두지 아니하도록
주의하라 14 내가 주 예
수 안에서 알고 확신하
노니 무엇이든지 스스로

속된 것이 없으되 다만
속되게 여기는 그 사람
에게는 속되니라 15 만일
음식으로 말미암아 네
형제가 근심하게 되면
이는 네가 사랑으로 행
하지 아니함이라 그리스
도께서 대신하여 죽으신
형제를 네 음식으로 망
하게 하지 말라 16 그러
므로 너희의 선한 것이
비방을 받지 않게 하라
17 하나님의 나라는 먹는
것과 마시는 것이 아니
요 오직 성령 안에 있
는 의와 평강과 희락이
라 18 이로써 그리스도를
섬기는 자는 하나님을

기쁘시게 하며 사람에게
도 칭찬을 받느니라 19
그러므로 우리가 화평의
일과 서로 덕을 세우는
일을 힘쓰나니 20 음식으
로 말미암아 하나님의
사업을 무너지게 하지
말라 만물이 다 깨끗하
되 거리낌으로 먹는 사
람에게는 악한 것이라
21 고기도 먹지 아니하고
포도주도 마시지 아니하
고 무엇이든지 네 형제
로 거리끼게 하는 일을
아니함이 아름다우니라
22 네게 있는 믿음을 하
나님 앞에서 스스로 가
지고 있으라 자기가 옳

다 하는 바로 자기를
정죄하지 아니하는 자는
복이 있도다 23 의심하고
먹는 자는 정죄되었나니
이는 믿음을 따라 하지
아니하였기 때문이라 믿
음을 따라 하지 아니하
는 것은 다 죄니라

이번 주 암송 구절 1

피차 사랑의 빚 외에는 아무에게든지 아무 빚도 지지 말라
남을 사랑하는 자는 율법을 다 이루었느니라
(로마서 13장 8절)

'빚지다'라는 말은 남에게 돈이나 물건을 꾸어 쓰는 것을 뜻해요. 그런데 예수님을 믿는 사람에게는 절대로 갚을 수 없는 빚이 있어요. 바로 '사랑의 빚'이에요. 사랑의 빚을 진 우리는 하나님을 기쁘시게 하기 위해 하나님을 사랑하고 이웃을 사랑해야 해요.

피차 사랑의 빚 외에는 아무에게든지 아무 빚도 지지 말라 남을 사랑하는 자는 율법을 다 이루었느니라

이번 주 암송 구절 2

우리가 살아도 주를 위하여 살고 죽어도 주를 위하여 죽나니
그러므로 사나 죽으나 우리가 주의 것이로다
(로마서 14장 8절)

로마 교회 안에 유대 사람들과 이방 사람들 사이에서 음식 문제와 절기 문제 때문에 어려움이 생겼어요. 이렇듯 결정하기 어려운 문제를 만났을 때는 "주를 위하여"라는 말씀으로 결정하는 것이 해결방법이에요.

우	리	가		살	아	도		주	를		위
하	여		살	고		죽	어	도		주	를
위	하	여		죽	나	니		그	러	므	로
사	나		죽	으	나		우	리	가		주
의		것	이	로	다						

성경구절 고치기

암송한 말씀을 기억하며 아래의 문장에서 잘못된 곳을 고쳐보세요.

피차 사랑의 빚 외에는 아무에게든지
아무 빚도 지지 말라 남을 정죄하는 자는
율법을 다 이루었느니라(로마서 13장 8절)

우리가 살아도 나를 위하여 살고 죽어도 나를
위하여 죽나니 그러므로 사나 죽으나
내가 나의 것이로다(로마서 14장 8절)

한 줄 기도

한 주 동안 성경을 따라쓰며 느낀 점을 한 줄 기도로 적어보세요.

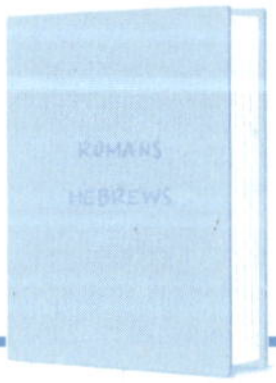

예시) 크신 하나님이 나의 아버지가 되어주셔서 감사합니다.

로마서

15장

1 믿음이 강한 우리는
마땅히 믿음이 약한 자
의 약점을 담당하고 자
기를 기쁘게 하지 아니
할 것이라 2 우리 각
사람이 이웃을 기쁘게
하되 선을 이루고 덕을
세우도록 할지니라 3 그
리스도께서도 자기를 기
쁘게 하지 아니하셨나니
기록된 바 주를 비방하
는 자들의 비방이 내게
미쳤나이다 함과 같으니
라 4 무엇이든지 전에
기록된 바는 우리의 교
훈을 위하여 기록된 것
이니 우리로 하여금 인

내로 또는 성경의 위로
로 소망을 가지게 함이
니라 5 이제 인내와 위
로의 하나님이 너희로
그리스도 예수를 본받아
서로 뜻이 같게 하여
주사 6 한마음과 한 입
으로 하나님 곧 우리
주 예수 그리스도의 아
버지께 영광을 돌리게
하려 하노라 7 그러므로
그리스도께서 우리를 받
아 하나님께 영광을 돌
리심과 같이 너희도 서
로 받으라 8 내가 말하
노니 그리스도께서 하나
님의 진실하심을 위하여
할례의 추종자가 되셨으

니 이는 조상들에게 주
신 약속들을 견고하게
하시고 9 이방인들도 그
긍휼하심으로 말미암아
하나님께 영광을 돌리게
하려 하심이라 기록된
바 그러므로 내가 열방
중에서 주께 감사하고
주의 이름을 찬송하리로
다 함과 같으니라 10 또
이르되 열방들아 주의
백성과 함께 즐거워하라
하였으며 11 또 모든 열
방들아 주를 찬양하며
모든 백성들아 그를 찬
송하라 하였으며 12 또
이사야가 이르되 이새의
뿌리 곧 열방을 다스리

기 위하여 일어나시는
이가 있으리니 열방이
그에게 소망을 두리라
하였느니라 13 소망의 하
나님이 모든 기쁨과 평
강을 믿음 안에서 너희
에게 충만하게 하사 성
령의 능력으로 소망이
넘치게 하시기를 원하노
라 14 내 형제들아 너희
가 스스로 선함이 가득
하고 모든 지식이 차서
능히 서로 권하는 자임
을 나도 확신하노라 15
그러나 내가 너희로 다
시 생각나게 하려고 하
나님께서 내게 주신 은
혜로 말미암아 더욱 담

대히 대략 너희에게 썼

노니 16 이 은혜는 곧

나로 이방인을 위하여

그리스도 예수의 일꾼이

되어 하나님의 복음의

제사장 직분을 하게 하

사 이방인을 제물로 드

리는 것이 성령 안에서

거룩하게 되어 받으실

만하게 하려 하심이라

17 그러므로 내가 그리스

도 예수 안에서 하나님

의 일에 대하여 자랑하

는 것이 있거니와 18 그

리스도께서 이방인들을

순종하게 하기 위하여

나를 통하여 역사하신

것 외에는 내가 감히

말하지 아니하노라 그
일은 말과 행위로 19 표
적과 기사의 능력으로
성령의 능력으로 이루어
졌으며 그리하여 내가
예루살렘으로부터 두루
행하여 일루리곤까지 그
리스도의 복음을 편만하
게 전하였노라 20 또 내
가 그리스도의 이름을
부르는 곳에는 복음을
전하지 않기를 힘썼노니
이는 남의 터 위에 건
축하지 아니하려 함이라
21 기록된 바 주의 소식
을 받지 못한 자들이
볼 것이요 듣지 못한
자들이 깨달으리라 함과

갈으니라 22 그러므로 또

한 내가 너희에게 가려

하던 것이 여러 번 막

혔더니 23 이제는 이 지

방에 일할 곳이 없고

또 여러 해 전부터 언

제든지 서바나로 갈 때

에 너희에게 가기를 바

라고 있었으니 24 이는

지나가는 길에 너희를

보고 먼저 너희와 사귐

으로 얼마간 기쁨을 가

진 후에 너희가 그리로

보내주기를 바람이라 25

그러나 이제는 내가 성

도를 섬기는 일로 예루

살렘에 가노니 26 이는

마게도냐와 아가야 사람

들이 예루살렘 성도 중
가난한 자들을 위하여
기쁘게 얼마를 연보하였
음이라 27 저희가 기뻐서
하였거니와 또한 저희는
그들에게 빚진 자니 만
일 이방인들이 그들의
영적인 것을 나눠 가졌
으면 육적인 것으로 그
들을 섬기는 것이 마땅
하니라 28 그러므로 내가
이 일을 마치고 이 열
매를 그들에게 확증한
후에 너희에게 들렀다가
서바나로 가리라 29 내가
너희에게 나아갈 때에
그리스도의 충만한 복을
가지고 갈 줄을 아노라

30 형제들아 내가 우리
주 예수 그리스도와 성
령의 사랑으로 말미암아
너희를 권하노니 너희
기도에 나와 힘을 같이
하여 나를 위하여 하나
님께 빌어 31 나로 유대
에서 순종하지 아니하는
자들로부터 건짐을 받게
하고 또 예루살렘에 대
하여 내가 섬기는 일을
성도들이 받을 만하게
하고 32 나로 하나님의
뜻을 따라 기쁨으로 너
희에게 나아가 너희와
함께 편히 쉬게 하라
33 평강의 하나님께서 너
희 모든 사람과 함께

계실지어다 아멘

16장

1 내가 겐그레아 교회의
일꾼으로 있는 우리 자
매 뵈뵈를 너희에게 추
천하노니 2 너희는 주
안에서 성도들의 합당한
예절로 그를 영접하고
무엇이든지 그에게 소용
되는 바를 도와줄지니
이는 그가 여러 사람과
나의 보호자가 되었음이
라 3 너희는 그리스도
예수 안에서 나의 동역
자들인 브리스가와 아굴
라에게 문안하라 4 그들
은 내 목숨을 위하여
자기들의 목까지도 내놓

았나니 나뿐 아니라 이
방인의 모든 교회도 그
들에게 감사하느니라 5
또 저의 집에 있는 교
회에도 문안하라 내가
사랑하는 에배네도에게
문안하라 그는 아시아에
서 그리스도께 처음 맺
은 열매니라 6 너희를
위하여 많이 수고한 마
리아에게 문안하라 7 내
친척이요 나와 함께 갇
혔던 안드로니고와 유니
아에게 문안하라 그들은
사도들에게 존중히 여겨
지고 또한 나보다 먼저
그리스도 안에 있는 자
라 8 또 주 안에서 내

사랑하는 암블리아에게
문안하라 9 그리스도 안
에서 우리의 동역자인
우르바노와 나의 사랑하
는 스다구에게 문안하라
10 그리스도 안에서 인정
함을 받은 아벨레에게
문안하라 아리스도불로의
권속에게 문안하라 11 내
친척 헤로디온에게 문안
하라 나깃수의 가족 중
주 안에 있는 자들에게
문안하라 12 주 안에서
수고한 드루배나와 드루
보사에게 문안하라 주
안에서 많이 수고하고
사랑하는 버시에게 문안
하라 13 주 안에서 택하

심을 입은 루포와 그의
어머니에게 문안하라 그
의 어머니는 곧 내 어
머니니라 14 아순그리도와
블레곤과 허메와 바드로
바와 허마와 및 그들과
함께 있는 형제들에게
문안하라 15 빌롤로고와
율리아와 또 네레오와
그의 자매와 올름바와
그들과 함께 있는 모든
성도에게 문안하라 16 너
희가 거룩하게 입맞춤으
로 서로 문안하라 그리
스도의 모든 교회가 다
너희에게 문안하느니라
17 형제들아 내가 너희를
권하노니 너희가 배운

교훈을 거슬러 분쟁을
일으키거나 거치게 하는
자들을 살피고 그들에게
서 떠나라 18 이 같은
자들은 우리 주 그리스
도를 섬기지 아니하고
다만 자기들의 배만 섬
기나니 교활한 말과 아
첨하는 말로 순진한 자
들의 마음을 미혹하느니
라 19 너희의 순종함이
모든 사람에게 들리는지
라 그러므로 내가 너희
로 말미암아 기뻐하노니
너희가 선한 데 지혜롭
고 악한 데 미련하기를
원하노라 20 평강의 하나
님께서 속히 사탄을 너

희 발 아래에서 상하게
하시리라 우리 주 예수
의 은혜가 너희에게 있
을지어다 21 나의 동역자
디모데와 나의 친척 누
기오와 야손과 소시바더
가 너희에게 문안하느니
라 22 이 편지를 기록하
는 나 더디오도 주 안
에서 너희에게 문안하노
라 23 나와 온 교회를
돌보아 주는 가이오도
너희에게 문안하고 이
성의 재무관 에라스도와
형제 구아도도 너희에게
문안하느니라 24 (없음)
25 나의 복음과 예수 그
리스도를 전파함은 영세

전부터 감추어졌다가 26
이제는 나타내신 바 되
었으며 영원하신 하나님
의 명을 따라 선지자들
의 글로 말미암아 모든
민족이 믿어 순종하게
하시려고 알게 하신 바
그 신비의 계시를 따라
된 것이니 이 복음으로
너희를 능히 견고하게
하실 27 지혜로우신 하나
님께 예수 그리스도로
말미암아 영광이 세세
무궁하도록 있을지어다
아멘

이번 주 암송 구절 1

그러므로 그리스도께서 우리를 받아 하나님께 영광을 돌리심과 같이 너희도 서로 받으라 (로마서 15장 7절)

예수님을 믿는 사람들이 하나 되지 못하면 세상의 본이 되지 못하여 복음을 전하는 데 방해가 될 뿐 아니라 하나님께 영광을 돌릴 수 없어요. 그러므로 죄인인 우리를 받아주신 예수님을 본받아 우리도 서로 받아주고 이해하며, 하나가 되기 위해 노력해야 해요.

그러므로 그리스도께서
우리를 받아 하나님께
영광을 돌리심과 같이
너희도 서로 받으라

이번 주 암송 구절 2

그러므로 내가 너희로 말미암아 기뻐하노니 너희가 선한 데 지혜롭고 악한 데 미련하기를 원하노라 (로마서 16장 19b절)

예수님을 믿는 사람은 선한 일은 열심히 찾아서 빨리 하고, 악한 일에는 눈과 귀를 막고 관심을 두지 말아야 해요. 그래야 다툼을 일으키거나 잘못된 가르침이 우리의 믿음을 무너뜨리고 교회를 갈라지게 하는 것을 막을 수 있어요.

그	러	므	로		내	가		너	희	로	
말	미	암	아		기	뻐	하	노	니		너
희	가		선	한		데		지	혜	롭	고
악	한		데		미	련	하	기	를		원
하	노	라									

성경구절 고치기

암송한 말씀을 기억하며 아래의 문장에서 잘못된 곳을 고쳐보세요.

그러므로 그리스도께서 우리를 받아
하나님께 칭찬을 돌리심과 같이 너희도
서로 가지라 (로마서 15장 7절)

그러므로 내가 너희로 말미암아 강권하노니
너희가 선한 데 선하고 악한 데
악하기를 원하노라 (로마서 16장 19b절)

한 줄 기도

한 주 동안 성경을 따라쓰며 느낀 점을 한 줄 기도로 적어보세요.

예시) 크신 하나님이 나의 아버지가 되어주셔서 감사합니다.

아홉째 주

히브리서

1장

1 옛적에 선지자들을 통
하여 여러 부분과 여러
모양으로 우리 조상들에
게 말씀하신 하나님이
2 이 모든 날 마지막에
는 아들을 통하여 우리
에게 말씀하셨으니 이
아들을 만유의 상속자로
세우시고 또 그로 말미
암아 모든 세계를 지으
셨느니라 3 이는 하나님
의 영광의 광채시요 그
본체의 형상이시라 그의
능력의 말씀으로 만물을
붙드시며 죄를 정결하게
하는 일을 하시고 높은
곳에 계신 지극히 크신

이의 우편에 앉으셨느니
라 4 그가 천사보다 훨
씬 뛰어남은 그들보다
더욱 아름다운 이름을
기업으로 얻으심이니 5
하나님께서 어느 때에
천사 중 누구에게 너는
내 아들이라 오늘 내가
너를 낳았다 하셨으며
또 다시 나는 그에게
아버지가 되고 그는 내
게 아들이 되리라 하셨
느냐 6 또 그가 맏아들
을 이끌어 세상에 다시
들어오게 하실 때에 하
나님의 모든 천사들은
그에게 경배할지어다 말
씀하시며 7 또 천사들에

관하여는 그는 그의 천
사들을 바람으로, 그의
사역자들을 불꽃으로 삼
으시느니라 하셨으되 8
아들에 관하여는 하나님
이여 주의 보좌는 영영
하며 주의 나라의 규는
공평한 규이니이다 9 주
께서 의를 사랑하시고
불법을 미워하셨으니 그
러므로 하나님 곧 주의
하나님이 즐거움의 기름
을 주께 부어 주를 동
류들보다 뛰어나게 하셨
도다 하였고 10 또 주여
태초에 주께서 땅의 기
초를 두셨으며 하늘도
주의 손으로 지으신 바

라 11 그것들은 멸망할
것이나 오직 주는 영존
할 것이요 그것들은 다
옷과 같이 낡아지리니
12 의복처럼 갈아입을 것
이요 그것들은 옷과 같
이 변할 것이나 주는
여전하여 연대가 다함이
없으리라 하였으나 13 어
느 때에 천사 중 누구
에게 내가 네 원수로
네 발등상이 되게 하기
까지 너는 내 우편에
앉아 있으라 하셨느냐
14 모든 천사들은 섬기는
영으로서 구원 받을 상
속자들을 위하여 섬기라
고 보내심이 아니냐

1 그러므로 우리는 들은 것에 더욱 유념함으로 우리가 흘러 떠내려가지 않도록 함이 마땅하니라

2 천사들을 통하여 하신 말씀이 견고하게 되어 모든 범죄함과 순종하지 아니함이 공정한 보응을 받았거든

3 우리가 이같이 큰 구원을 등한히 여기면 어찌 그 보응을 피하리요 이 구원은 처음에 주로 말씀하신 바요 들은 자들이 우리에게 확증한 바니

4 하나님도 표적들과 기사들과 여러 가지 능력과 및 자기의 뜻을 따라 성령

이 나누어 주신 것으로
써 그들과 함께 증언하
셨느니라 5 하나님이 우
리가 말하는 바 장차
올 세상을 천사들에게
복종하게 하심이 아니니
라 6 그러나 누구인가가
어디에서 증언하여 이르
되 사람이 무엇이기에
주께서 그를 생각하시며
인자가 무엇이기에 주께
서 그를 돌보시나이까
7 그를 잠시 동안 천사
보다 못하게 하시며 영
광과 존귀로 관을 씌우
시며 8 만물을 그 발
아래에 복종하게 하셨느
니라 하였으니 만물로

그에게 복종하게 하셨은
즉 복종하지 않은 것이
하나도 없어야 하겠으나
지금 우리가 만물이 아
직 그에게 복종하고 있
는 것을 보지 못하고
9 오직 우리가 천사들보
다 잠시 동안 못하게
하심을 입은 자 곧 죽
음의 고난 받으심으로
말미암아 영광과 존귀로
관을 쓰신 예수를 보니
이를 행하심은 하나님의
은혜로 말미암아 모든
사람을 위하여 죽음을
맛보려 하심이라 10 그러
므로 만물이 그를 위하
고 또한 그로 말미암은

이가 많은 아들들을 이끌어 영광에 들어가게 하시는 일에 그들의 구원의 창시자를 고난을 통하여 온전하게 하심이 합당하도다 11 거룩하게 하시는 이와 거룩하게 함을 입은 자들이 다 한 근원에서 난지라 그러므로 형제라 부르시기를 부끄러워하지 아니하시고 12 이르시되 내가 주의 이름을 내 형제들에게 선포하고 내가 주를 교회 중에서 찬송하리라 하셨으며 13 또 다시 내가 그를 의지하리라 하시고 또 다시 볼

지어다 나와 및 하나님
께서 내게 주신 자녀라
하셨으니 14 자녀들은 혈
과 육에 속하였으매 그
도 또한 같은 모양으로
혈과 육을 함께 지니심
은 죽음을 통하여 죽음
의 세력을 잡은 자 곧
마귀를 멸하시며 15 또
죽기를 무서워하므로 한
평생 매여 종노릇하는
모든 자들을 놓아 주려
하심이니 16 이는 확실히
천사들을 붙들어 주려
하심이 아니요 오직 아
브라함의 자손을 붙들어
주려 하심이라 17 그러므
로 그가 범사에 형제들

과 같이 되심이 마땅하도다 이는 하나님의 일에 자비하고 신실한 대제사장이 되어 백성의 죄를 속량하려 하심이라

18 그가 시험을 받아 고난을 당하셨은즉 시험 받는 자들을 능히 도우실 수 있느니라

이번 주 암송 구절 1

이는 하나님의 영광의 광채시요 그 본체의 형상이시라 그의 능력의 말씀으로 만물을 붙드시며 죄를 정결하게 하는 일을 하시고 높은 곳에 계신 지극히 크신 이의 우편에 앉으셨느니라 (히브리서 1장 3절)

히브리서 1장은 예수 그리스도가 누구신지 말해줘요. 예수님은 하나님의 영광을 드러내는 빛이시고, 하나님의 본래 모습을 그대로 보여주시는 분이지요. 또한 하나님이 지으신 세계를 능력의 말씀으로 붙드시고 보존하시며, 하나님의 우편에 앉아 영광을 받으세요.

이	는		하	나	님	의		영	광	의	
광	채	시	요		그		본	체	의		형
상	이	시	라		그	의		능	력	의	
말	씀	으	로		만	물	을		붙	드	시
며		죄	를		정	결	하	게		하	는
일	을		하	시	고		높	은		곳	에
계	신		지	극	히		크	신		이	의
우	편	에		앉	으	셨	느	니	라		

이번 주 암송 구절 2

그가 시험을 받아 고난을 당하셨은즉
시험 받는 자들을 능히 도우실 수 있느니라
(히브리서 2장 18절)

예수님은 자비하고 신실한 대제사장이 되셔서 우리의 죄를 대신 씻어 구원해주셨어요. 하나님이시면서 또한 인간이신 예수님은 우리의 연약함을 불쌍히 여기시고, 그분이 직접 고난을 당하셨기 때문에 시험을 받는 사람들에게 도움을 주실 수 있어요.

그	가		시	험	을		받	아		고	난
을		당	하	셨	은	즉		시	험		받
는		자	들	을		능	히		도	우	실
수		있	느	니	라						

성경구절 고치기

암송한 말씀을 기억하며 아래의 문장에서 잘못된 곳을 고쳐보세요.

이는 하나님의 능력의 광채시요 그 본체의
모습이시라 그의 능력의 생각으로 만물을 붙드시며
죄를 정결하게 하는 일을 하시고 높은 곳에 계신
지극히 크신 이의 좌편에 앉으셨느니라

(히브리서 1장 3절)

그가 시험을 받아 아픔을 당하셨은즉
고통 받는 자들을 능히 도우실 수 있느니라

(히브리서 2장 18절)

한 줄 기도

한 주 동안 성경을 따라쓰며 느낀 점을 한 줄 기도로 적어보세요.

예시) 크신 하나님이 나의 아버지가 되어주셔서 감사합니다.

히브리서

1 그러므로 함께 하늘의
부르심을 받은 거룩한
형제들아 우리가 믿는
도리의 사도이시며 대제
사장이신 예수를 깊이
생각하라 2 그는 자기를
세우신 이에게 신실하시
기를 모세가 하나님의
온 집에서 한 것과 같
이 하셨으니 3 그는 모
세보다 더욱 영광을 받
을 만한 것이 마치 집
지은 자가 그 집보다
더욱 존귀함 같으니라
4 집마다 지은 이가 있
으니 만물을 지으신 이
는 하나님이시라 5 또한

모세는 장래에 말할 것
을 증언하기 위하여 하
나님의 온 집에서 종으
로서 신실하였고 6 그리
스도는 하나님의 집을
맡은 아들로서 그와 같
이 하셨으니 우리가 소
망의 확신과 자랑을 끝
까지 굳게 잡고 있으면
우리는 그의 집이라 7
그러므로 성령이 이르신
바와 같이 오늘 너희가
그의 음성을 듣거든 8
광야에서 시험하던 날에
거역하던 것같이 너희
마음을 완고하게 하지
말라 9 거기서 너희 열
조가 나를 시험하여 증

험하고 사십 년 동안
나의 행사를 보았느니라
10 그러므로 내가 이 세
대에게 노하여 이르기를
그들이 항상 마음이 미
혹되어 내 길을 알지
못하는도다 하였고 11 내
가 노하여 맹세한 바와
같이 그들은 내 안식에
들어오지 못하리라 하였
다 하였느니라 12 형제들
아 너희는 삼가 혹 너
희 중에 누가 믿지 아
니하는 악한 마음을 품
고 살아 계신 하나님에
게서 떨어질까 조심할
것이요 13 오직 오늘이라
일컫는 동안에 매일 피

차 권면하여 너희 중에
누구든지 죄의 유혹으로
완고하게 되지 않도록
하라 14 우리가 시작할
때에 확신한 것을 끝까
지 견고히 잡고 있으면
그리스도와 함께 참여한
자가 되리라 15 성경에
일렀으되 오늘 너희가
그의 음성을 듣거든 격
노하시게 하던 것같이
너희 마음을 완고하게
하지 말라 하였으니 16
듣고 격노하시게 하던
자가 누구냐 모세를 따
라 애굽에서 나온 모든
사람이 아니냐 17 또 하
나님이 사십 년 동안

누구에게 노하셨느냐 그
들의 시체가 광야에 엎
드러진 범죄한 자들에게
가 아니냐 18 또 하나님
이 누구에게 맹세하사
그의 안식에 들어오지
못하리라 하셨느냐 곧
순종하지 아니하던 자들
에게가 아니냐 19 이로
보건대 그들이 믿지 아
니하므로 능히 들어가지
못한 것이라

1 그러므로 우리는 두려
워할지니 그의 안식에
들어갈 약속이 남아 있
을지라도 너희 중에는
혹 이르지 못할 자가

있을까 함이라 2 그들과
같이 우리도 복음 전함
을 받은 자이나 들은
바 그 말씀이 그들에게
유익하지 못한 것은 듣
는 자가 믿음과 결부시
키지 아니함이라 3 이미
믿는 우리들은 저 안식
에 들어가는도다 그가
말씀하신 바와 같으니
내가 노하여 맹세한 바
와 같이 그들이 내 안
식에 들어오지 못하리라
하셨다 하였으나 세상을
창조할 때부터 그 일이
이루어졌느니라 4 제칠일
에 관하여는 어딘가에
이렇게 일렀으되 하나님

은 제칠일에 그의 모든
일을 쉬셨다 하였으며
5 또 다시 거기에 그들
이 내 안식에 들어오지
못하리라 하였으니 6 그
러면 거기에 들어갈 자
들이 남아 있거니와 복
음 전함을 먼저 받은
자들은 순종하지 아니함
으로 말미암아 들어가지
못하였으므로 7 오랜 후
에 다윗의 글에 다시
어느 날을 정하여 오늘
이라고 미리 이같이 일
렀으되 오늘 너희가 그
의 음성을 듣거든 너희
마음을 완고하게 하지
말라 하였나니 8 만일

여호수아가 그들에게 안
식을 주었더라면 그 후
에 다른 날을 말씀하지
아니하셨으리라 9 그런즉
안식할 때가 하나님의
백성에게 남아 있도다
10 이미 그의 안식에 들
어간 자는 하나님이 자
기의 일을 쉬심과 같이
그도 자기의 일을 쉬느
니라 11 그러므로 우리가
저 안식에 들어가기를
힘쓸지니 이는 누구든지
저 순종하지 아니하는
본에 빠지지 않게 하려
함이라 12 하나님의 말씀
은 살아 있고 활력이
있어 좌우에 날 선 어떤

검보다도 예리하여 혼과
영과 및 관절과 골수를
찔러 쪼개기까지 하며
또 마음의 생각과 뜻을
판단하나니 13 지으신 것
이 하나도 그 앞에 나
타나지 않음이 없고 우
리의 결산을 받으실 이
의 눈앞에 만물이 벌거
벗은 것같이 드러나느니
라 14 그러므로 우리에게
큰 대제사장이 계시니
승천하신 이 곧 하나님
의 아들 예수시라 우리
가 믿는 도리를 굳게
잡을지어다 15 우리에게
있는 대제사장은 우리의
연약함을 동정하지 못하

실 이가 아니요 모든 일에 우리와 똑같이 시험을 받으신 이로되 죄는 없으시니라
16 그러므로 우리는 긍휼하심을 받고 때를 따라 돕는 은혜를 얻기 위하여 은혜의 보좌 앞에 담대히 나아갈 것이니라

이번 주 암송 구절 1

우리가 시작할 때에 확신한 것을 끝까지 견고히
잡고 있으면 그리스도와 함께 참여한 자가 되리라
(히브리서 3장 14절)

진심으로 마음을 돌이켜 예수님께 속한 사람만이 세상의 유혹에 넘어가지 않고 끝까지 인내하면서 믿음을 견고하게 붙잡을 수 있어요. 그럴 때 우리는 예수님과 함께 그분이 하시는 모든 일에 참여할 수 있답니다.

우리가 시작할 때에 확신한 것을 끝까지 견고히 잡고 있으면 그리스도와 함께 참여한 자가 되리라

이번 주 암송 구절 2

그러므로 우리는 긍휼하심을 받고 때를 따라 돕는
은혜를 얻기 위하여 은혜의 보좌 앞에 담대히
나아갈 것이니라 (히브리서 4장 16절)

담대히 나아갈 수 있다는 말은, 우리가 죄 때문에 벌을 받을까 두려워하지 않고 있는 모습 그대로 숨김없이 하나님 앞에 갈 수 있다는 뜻이에요. 이런 일은 예수님이 우리의 연약함을 불쌍히 여기시고 우리와 똑같이 시험을 받으신 분이기 때문에 가능해요.

그러므로 우리는 긍휼하
심을 받고 때를 따라
돕는 은혜를 얻기 위하
여 은혜의 보좌 앞에
담대히 나아갈 것이니라

성경구절 고치기

암송한 말씀을 기억하며 아래의 문장에서 잘못된 곳을 고쳐보세요.

우리가 시작할 때에 확신한 것을 끝까지
견고히 알고 있으면 그리스도와 함께
참석한 자가 되리라 (히브리서 3장 14절)

그러므로 우리는 긍휼하심을 받고 때를 따라
돕는 자비를 얻기 위하여 은혜의 자리 앞에
당당히 나아갈 것이니라 (히브리서 4장 16절)

한 줄 기도

한 주 동안 성경을 따라쓰며 느낀 점을 한 줄 기도로 적어보세요.

예시) 크신 하나님이 나의 아버지가 되어주셔서 감사합니다.

히브리서

1 대제사장마다 사람 가운데서 택한 자이므로 하나님께 속한 일에 사람을 위하여 예물과 속죄하는 제사를 드리게 하나니 2 그가 무식하고 미혹된 자를 능히 용납할 수 있는 것은 자기도 연약에 휩싸여 있음이라 3 그러므로 백성을 위하여 속죄제를 드림과 같이 또한 자신을 위하여도 드리는 것이 마땅하니라 4 이 존귀는 아무도 스스로 취하지 못하고 오직 아론과 같이 하나님의 부르심을 받은

자라야 할 것이니라 5
또한 이와 같이 그리스
도께서 대제사장 되심도
스스로 영광을 취하심이
아니요 오직 말씀하신
이가 그에게 이르시되
너는 내 아들이니 내가
오늘 너를 낳았다 하셨
고 6 또한 이와 같이
다른 데서 말씀하시되
네가 영원히 멜기세덱의
반차를 따르는 제사장이
라 하셨으니 7 그는 육
체에 계실 때에 자기를
죽음에서 능히 구원하실
이에게 심한 통곡과 눈
물로 간구와 소원을 올
렸고 그의 경건하심으로

말미암아 들으심을 얻었
느니라 8 그가 아들이시
면서도 받으신 고난으로
순종함을 배워서 9 온전
하게 되셨은즉 자기에게
순종하는 모든 자에게
영원한 구원의 근원이
되시고 10 하나님께 멜기
세덱의 반차를 따른 대
제사장이라 칭하심을 받
으셨느니라 11 멜기세덱에
관하여는 우리가 할 말
이 많으나 너희가 듣는
것이 둔하므로 설명하기
어려우니라 12 때가 오래
되었으므로 너희가 마땅
히 선생이 되었을 터인
데 너희가 다시 하나님

의 말씀의 초보에 대하여 누구에게서 가르침을 받아야 할 처지이니 단단한 음식은 못 먹고 젖이나 먹어야 할 자가 되었도다
13 이는 젖을 먹는 자마다 어린 아이니 의의 말씀을 경험하지 못한 자요
14 단단한 음식은 장성한 자의 것이니 그들은 지각을 사용함으로 연단을 받아 선악을 분별하는 자들이니라

6장

1 그러므로 우리가 그리스도의 도의 초보를 버리고 죽은 행실을 회개

함과 하나님께 대한 신
앙과 2 세례들과 안수와
죽은 자의 부활과 영원
한 심판에 관한 교훈의
터를 다시 닦지 말고
완전한 데로 나아갈지니
라 3 하나님께서 허락하
시면 우리가 이것을 하
리라 4 한 번 빛을 받
고 하늘의 은사를 맛보
고 성령에 참여한 바
되고 5 하나님의 선한
말씀과 내세의 능력을
맛보고도 6 타락한 자들
은 다시 새롭게 하여
회개하게 할 수 없나니
이는 그들이 하나님의
아들을 다시 십자가에

못 박아 드러내 놓고 욕되게 함이라 7 땅이 그 위에 자주 내리는 비를 흡수하여 밭 가는 자들이 쓰기에 합당한 채소를 내면 하나님께 복을 받고 8 만일 가시와 엉겅퀴를 내면 버림을 당하고 저주함에 가까워 그 마지막은 불사름이 되리라 9 사랑하는 자들아 우리가 이같이 말하나 너희에게는 이보다 더 좋은 것 곧 구원에 속한 것이 있음을 확신하노라 10 하나님은 불의하지 아니하사 너희 행위와 그의 이름을 위

하여 나타낸 사랑으로
이미 성도를 섬긴 것과
이제도 섬기고 있는 것
을 잊어버리지 아니하시
느니라 11 우리가 간절히
원하는 것은 너희 각
사람이 동일한 부지런함
을 나타내어 끝까지 소
망의 풍성함에 이르러
12 게으르지 아니하고 믿
음과 오래 참음으로 말
미암아 약속들을 기업으
로 받는 자들을 본받는
자 되게 하려는 것이니
라 13 하나님이 아브라함
에게 약속하실 때에 가
리켜 맹세할 자가 자기
보다 더 큰 이가 없으

므로 자기를 가리켜 맹
세하여 14 이르시되 내가
반드시 너에게 복 주고
복 주며 너를 번성하게
하고 번성하게 하리라
하셨더니 15 그가 이같이
오래 참아 약속을 받았
느니라 16 사람들은 자기
보다 더 큰 자를 가리
켜 맹세하나니 맹세는
그들이 다투는 모든 일
의 최후 확정이니라 17
하나님은 약속을 기업으
로 받는 자들에게 그
뜻이 변하지 아니함을
충분히 나타내시려고 그
일을 맹세로 보증하셨나
니 18 이는 하나님이 거

짓말을 하실 수 없는
이 두 가지 변하지 못
할 사실로 말미암아 앞
에 있는 소망을 얻으려
고 피난처를 찾은 우리
에게 큰 안위를 받게
하려 하심이라 19 우리가
이 소망을 가지고 있는
것은 영혼의 닻 같아서
튼튼하고 견고하여 휘장
안에 들어가나니 20 그리
로 앞서 가신 예수께서
멜기세덱의 반차를 따라
영원히 대제사장이 되어
우리를 위하여 들어가셨
느니라

이번 주 암송 구절 1

그가 아들이시면서도 받으신 고난으로 순종함을 배워서 온전하게 되셨은즉 자기에게 순종하는 모든 자에게 영원한 구원의 근원이 되시고 (히브리서 5장 8-9절)

예수님은 하나님의 아들이시면서도 이 땅에서 인간으로 살아가면서 하나님의 뜻을 행할 때 뒤따르는 고난을 고스란히 받으셨어요. 이를 통해 하나님께 순종한다는 의미가 무엇인지를 배우고 온전해지심으로 '영원한 구원의 근원'이 되셨어요.

그가 아들이시면서도 받으신 고난으로 순종함을 배워서 온전하게 되셨은즉 자기에게 순종하는 모든 자에게 영원한 구원의 근원이 되시고

이번 주 암송 구절 2

그가 이같이 오래 참아 약속을 받았느니라
(히브리서 6장 15절)

하나님은 아브라함에게 그의 자손을 번성하게 하겠다고 약속하셨어요. 그리고 아브라함은 하나님을 믿고 오랫동안 인내했고, 마침내 약속의 자손을 얻었어요. 이처럼 예수님을 믿는 사람들이 소망을 가지고 세상을 사는 힘은 부유한 환경이나 뛰어난 능력이 아니라 하나님의 약속에 있어요.

그	가		이	같	이		오	래		참	아
약	속	을		받	았	느	니	라			

성경구절 고치기

암송한 말씀을 기억하며 아래의 문장에서 잘못된 곳을 고쳐보세요.

그가 아들이시면서도 얻으신 고난으로 순종함을
깨달아서 온전하게 되셨은즉 자기에게
순종하는 모든 자에게 영원한 영광의
근원이 되시고 (히브리서 5장 8-9절)

그가 이같이 조금 참아 약속을 받았느니라
(히브리서 6장 15절)

한 줄 기도

한 주 동안 성경을 따라쓰며 느낀 점을 한 줄 기도로 적어보세요.
예시) 크신 하나님이 나의 아버지가 되어주셔서 감사합니다.

열두째 주

히브리서

7장

1 이 멜기세덱은 살렘
왕이요 지극히 높으신
하나님의 제사장이라 여
러 왕을 쳐서 죽이고
돌아오는 아브라함을 만
나 복을 빈 자라 2 아
브라함이 모든 것의 십
분의 일을 그에게 나누
어 주니라 그 이름을
해석하면 먼저는 의의
왕이요 그다음은 살렘
왕이니 곧 평강의 왕이
요 3 아버지도 없고 어
머니도 없고 족보도 없
고 시작한 날도 없고
생명의 끝도 없어 하나
님의 아들과 닮아서 항

상 제사장으로 있느니라
4 이 사람이 얼마나 높
은가를 생각해 보라 조
상 아브라함도 노략물
중 십분의 일을 그에게
주었느니라 5 레위의 아
들들 가운데 제사장의
직분을 받은 자들은 율
법을 따라 아브라함의
허리에서 난 자라도 자
기 형제인 백성에게서
십분의 일을 취하라는
명령을 받았으나 6 레위
족보에 들지 아니한 멜
기세덱은 아브라함에게서
십분의 일을 취하고 약
속을 받은 그를 위하여
복을 빌었나니 7 논란의

여지없이 낮은 자가 높은 자에게서 축복을 받느니라 8 또 여기는 죽을 자들이 십분의 일을 받으나 저기는 산다고 증거를 얻은 자가 받았느니라 9 또한 십분의 일을 받는 레위도 아브라함으로 말미암아 십분의 일을 바쳤다고 할 수 있나니 10 이는 멜기세덱이 아브라함을 만날 때에 레위는 이미 자기 조상의 허리에 있었음이라 11 레위 계통의 제사 직분으로 말미암아 온전함을 얻을 수 있었으면 (백성이 그 아래

에서 율법을 받았으니)
어찌하여 아론의 반차를
따르지 않고 멜기세덱의
반차를 따르는 다른 한
제사장을 세울 필요가
있느냐 12 제사 직분이
바꾸어졌은즉 율법도 반
드시 바꾸어지리니 13 이
것은 한 사람도 제단
일을 받들지 않는 다른
지파에 속한 자를 가리
켜 말한 것이라 14 우리
주께서는 유다로부터 나
신 것이 분명하도다 이
지파에는 모세가 제사장
들에 관하여 말한 것이
하나도 없고 15 멜기세덱
과 같은 별다른 한 제

사장이 일어난 것을 보
니 더욱 분명하도다 16
그는 육신에 속한 한
계명의 법을 따르지 아
니하고 오직 불멸의 생
명의 능력을 따라 되었
으니 17 증언하기를 네가
영원히 멜기세덱의 반차
를 따르는 제사장이라
하였도다 18 전에 있던
계명은 연약하고 무익하
므로 폐하고 19 (율법은
아무 것도 온전하게 못
할지라) 이에 더 좋은
소망이 생기니 이것으로
우리가 하나님께 가까이
가느니라 20 또 예수께서
제사장이 되신 것은 맹

세 없이 된 것이 아니니
21 (그들은 맹세 없이 제사장이 되었으되 오직 예수는 자기에게 말씀하신 이로 말미암아 맹세로 되신 것이라 주께서 맹세하시고 뉘우치지 아니하시리니 네가 영원히 제사장이라 하셨도다)
22 이와 같이 예수는 더 좋은 언약의 보증이 되셨느니라
23 제사장 된 그들의 수효가 많은 것은 죽음으로 말미암아 항상 있지 못함이로되
24 예수는 영원히 계시므로 그 제사장 직분도 갈리지 아니하느니

라		25	그	러	므	로		자	기	를	
힘	입	어		하	나	님	께		나	아	가
는		자	들	을		온	전	히		구	원
하	실		수		있	으	니		이	는	
그	가		항	상		살	아		계	셔	서
그	들	을		위	하	여		간	구	하	심
이	라		26	이	러	한		대	제	사	장
은		우	리	에	게		합	당	하	니	
거	룩	하	고		악	이		없	고		더
러	움	이		없	고		죄	인	에	게	서
떠	나		계	시	고		하	늘	보	다	
높	이		되	신		이	라		27	그	는
저		대	제	사	장	들	이		먼	저	
자	기		죄	를		위	하	고		다	음
에		백	성	의		죄	를		위	하	여
날	마	다		제	사		드	리	는		것
과		같	이		할		필	요	가		없
으	니		이	는		그	가		단	번	에

자기를 드려 이루셨음이
라 28 율법은 약점을 가
진 사람들을 제사장으로
세웠거니와 율법 후에
하신 맹세의 말씀은 영
원히 온전하게 되신 아
들을 세우셨느니라

8장

1 지금 우리가 하는 말
의 요점은 이러한 대제
사장이 우리에게 있다는
것이라 그는 하늘에서
지극히 크신 이의 보좌
우편에 앉으셨으니
2 성
소와 참 장막에서 섬기
는 이시라 이 장막은
주께서 세우신 것이요
사람이 세운 것이 아니

니라 3 대제사장마다 예
물과 제사 드림을 위하
여 세운 자니 그러므로
그도 무엇인가 드릴 것
이 있어야 할지니라 4
예수께서 만일 땅에 계
셨더라면 제사장이 되지
아니하셨을 것이니 이는
율법을 따라 예물을 드
리는 제사장이 있음이라
5 그들이 섬기는 것은
하늘에 있는 것의 모형
과 그림자라 모세가 장
막을 지으려 할 때에
지시하심을 얻음과 같으
니 이르시되 삼가 모든
것을 산에서 네게 보이
던 본을 따라 지으라

하셨느니라 6 그러나 이
제 그는 더 아름다운
직분을 얻으셨으니 그는
더 좋은 약속으로 세우
신 더 좋은 언약의 중
보자시라 7 저 첫 언약
이 무흠하였더라면 둘째
것을 요구할 일이 없었
으려니와 8 그들의 잘못
을 지적하여 말씀하시되
주께서 이르시되 볼지어
다 날이 이르리니 내가
이스라엘 집과 유다 집
과 더불어 새 언약을
맺으리라 9 또 주께서
이르시기를 이 언약은
내가 그들의 열조의 손
을 잡고 애굽 땅에서

인도하여 내던 날에 그
들과 맺은 언약과 같지
아니하도다 그들은 내
언약 안에 머물러 있지
아니하므로 내가 그들을
돌보지 아니하였노라 10
또 주께서 이르시되 그
날 후에 내가 이스라엘
집과 맺을 언약은 이것
이니 내 법을 그들의
생각에 두고 그들의 마
음에 이것을 기록하리라
나는 그들에게 하나님이
되고 그들은 내게 백성
이 되리라 11 또 각각
자기 나라 사람과 각각
자기 형제를 가르쳐 이
르기를 주를 알라 하지

아니할 것은 그들이 작은 자로부터 큰 자까지 다 나를 앎이라 12 내가 그들의 불의를 긍휼히 여기고 그들의 죄를 다시 기억하지 아니하리라 하셨느니라 13 새 언약이라 말씀하셨으매 첫 것은 낡아지게 하신 것이니 낡아지고 쇠하는 것은 없어져 가는 것이니라

이번 주 암송 구절 1

이러한 대제사장은 우리에게 합당하니
거룩하고 악이 없고 더러움이 없고 죄인에게서 떠나 계시고
하늘보다 높이 되신 이라 (히브리서 7장 26절)

'대제사장'은 예수 그리스도를 가리켜요. '거룩'은 하나님을 경배하고 기쁘시게 한다는 뜻이고 '악이 없고'는 사람들에게 상처를 입히거나 나쁜 영향을 끼치지 않았다는 뜻이며, '더러움이 없고'는 사람들과 어울렸지만 때가 묻지 않았다는 뜻이에요. 그렇기에 예수님은 우리가 필요한 모든 것을 채워주실 수 있어요.

이	러	한		대	제	사	장	은		우	리
에	게		합	당	하	니		거	룩	하	고
악	이		없	고		더	러	움	이		없
고		죄	인	에	게	서		떠	나		계
시	고		하	늘	보	다		높	이		되
신		이	라								

이번 주 암송 구절 2

그러나 이제 그는 더 아름다운 직분을 얻으셨으니
그는 더 좋은 약속으로 세우신 더 좋은 언약의 중보자시라
(히브리서 8장 6절)

6절에서 말하는 언약은 구약시대 때 이스라엘 백성과 맺은 옛 언약보다 '더 좋은 약속'으로 세워진 '더 좋은 언약'이에요. 하나님께서 새 언약을 세우셨기 때문에 우리는 하나님의 백성이 되었고, 예수님을 통해 하나님 앞으로 직접 나아갈 수 있게 되었어요.

그러나 이제 그는 더 아름다운 직분을 얻으셨으니 그는 더 좋은 약속으로 세우신 더 좋은 언약의 중보자시라

성경구절 고치기

암송한 말씀을 기억하며 아래의 문장에서 잘못된 곳을 고쳐보세요.

이러한 대제사장은 너희에게 합당하니
거룩하고 악이 없고 더러움이 없고 의인에게서
떠나 계시고 하늘보다 낮게 되신 이라
(히브리서 7장 26절)

그러나 이제 그는 더 아름다운 신분을 얻으셨으니
그는 더 좋은 다짐으로 세우신 더 새로운
언약의 중보자시라(히브리서 8장 6절)

한 줄 기도

한 주 동안 성경을 따라쓰며 느낀 점을 한 줄 기도로 적어보세요.

예시) 크신 하나님이 나의 아버지가 되어주셔서 감사합니다.

1 첫 언약에도 섬기는 예법과 세상에 속한 성소가 있더라
2 예비한 첫 장막이 있고 그 안에 등잔대와 상과 진설병이 있으니 이는 성소라 일컫고
3 또 둘째 휘장 뒤에 있는 장막을 지성소라 일컫나니
4 금 향로와 사면을 금으로 싼 언약궤가 있고 그 안에 만나를 담은 금 항아리와 아론의 싹난 지팡이와 언약의 돌판들이 있고
5 그 위에 속죄소를 덮는 영광의 그룹들이 있으니 이것들에

관하여는 이제 낱낱이
말할 수 없노라 6 이
모든 것을 이같이 예비
하였으니 제사장들이 항
상 첫 장막에 들어가
섬기는 예식을 행하고
7 오직 둘째 장막은 대
제사장이 홀로 일 년에
한 번 들어가되 자기와
백성의 허물을 위하여
드리는 피 없이는 아니
하나니 8 성령이 이로써
보이신 것은 첫 장막이
서 있을 동안에는 성소
에 들어가는 길이 아직
나타나지 아니한 것이라
9 이 장막은 현재까지의
비유니 이에 따라 드리

는 예물과 제사는 섬기
는 자를 그 양심상 온
전하게 할 수 없나니
10 이런 것은 먹고 마시
는 것과 여러 가지 씻
는 것과 함께 육체의
예법일 뿐이며 개혁할
때까지 맡겨 둔 것이니
라 11 그리스도께서는 장
래 좋은 일의 대제사장
으로 오사 손으로 짓지
아니한 것 곧 이 창조
에 속하지 아니한 더
크고 온전한 장막으로
말미암아 12 염소와 송아
지의 피로 하지 아니하
고 오직 자기의 피로
영원한 속죄를 이루사

단번에 성소에 들어가셨
느니라 13 염소와 황소의
피와 및 암송아지의 재
를 부정한 자에게 뿌려
그 육체를 정결하게 하
여 거룩하게 하거든 14
하물며 영원하신 성령으
로 말미암아 흠 없는
자기를 하나님께 드린
그리스도의 피가 어찌
너희 양심을 죽은 행실
에서 깨끗하게 하고 살
아 계신 하나님을 섬기
게 하지 못하겠느냐 15
이로 말미암아 그는 새
언약의 중보자시니 이는
첫 언약 때에 범한 죄
에서 속량하려고 죽으사

부르심을 입은 자로 하
여금 영원한 기업의 약
속을 얻게 하려 하심이
라 16 유언은 유언한 자
가 죽어야 되나니 17 유
언은 그 사람이 죽은
후에야 유효한즉 유언한
자가 살아 있는 동안에
는 효력이 없느니라 18
이러므로 첫 언약도 피
없이 세운 것이 아니니
19 모세가 율법대로 모든
계명을 온 백성에게 말
한 후에 송아지와 염소
의 피 및 물과 붉은
양털과 우슬초를 취하여
그 두루마리와 온 백성
에게 뿌리며 20 이르되

이는 하나님이 너희에게
명하신 언약의 피라 하
고 21 또한 이와 같이
피를 장막과 섬기는 일
에 쓰는 모든 그릇에
뿌렸느니라 22 율법을 따
라 거의 모든 물건이
피로써 정결하게 되나니
피 흘림이 없은즉 사함
이 없느니라 23 그러므로
하늘에 있는 것들의 모
형은 이런 것들로써 정
결하게 할 필요가 있었
으나 하늘에 있는 그것
들은 이런 것들보다 더
좋은 제물로 할지니라
24 그리스도께서는 참 것의
그림자인 손으로 만든

성소에 들어가지 아니하
시고 바로 그 하늘에
들어가사 이제 우리를
위하여 하나님 앞에 나
타나시고 25 대제사장이
해마다 다른 것의 피로
써 성소에 들어가는 것
같이 자주 자기를 드리
려고 아니하실지니 26 그
리하면 그가 세상을 창
조한 때부터 자주 고난
을 받았어야 할 것이로
되 이제 자기를 단번에
제물로 드려 죄를 없이
하시려고 세상 끝에 나
타나셨느니라 27 한 번
죽는 것은 사람에게 정
해진 것이요 그 후에는

심판이 있으리니 28 이와
같이 그리스도도 많은
사람의 죄를 담당하시려
고 단번에 드리신 바
되셨고 구원에 이르게
하기 위하여 죄와 상관
없이 자기를 바라는 자
들에게 두 번째 나타나
시리라

10장

1 율법은 장차 올 좋은
일의 그림자일 뿐이요
참 형상이 아니므로 해
마다 늘 드리는 같은
제사로는 나아오는 자들
을 언제나 온전하게 할
수 없느니라 2 그렇지
아니하면 섬기는 자들이

단번에 정결하게 되어 다시 죄를 깨닫는 일이 없으리니 어찌 제사 드리는 일을 그치지 아니하였으리요 3 그러나 이 제사들에는 해마다 죄를 기억하게 하는 것이 있나니 4 이는 황소와 염소의 피가 능히 죄를 없이하지 못함이라 5 그러므로 주께서 세상에 임하실 때에 이르시되 하나님이 제사와 예물을 원하지 아니하시고 오직 나를 위하여 한 몸을 예비하셨도다 6 번제와 속죄제는 기뻐하지 아니하시나니 7 이에 내가

말하기를 하나님이여 보
시옵소서 두루마리 책에
나를 가리켜 기록된 것
과 같이 하나님의 뜻을
행하러 왔나이다 하셨느
니라 8 위에 말씀하시기
를 주께서는 제사와 예
물과 번제와 속죄제는
원하지도 아니하고 기뻐
하지도 아니하신다 하셨
고 (이는 다 율법을
따라 드리는 것이라)
9 그 후에 말씀하시기를
보시옵소서 내가 하나님
의 뜻을 행하러 왔나이
다 하셨으니 그 첫째
것을 폐하심은 둘째 것
을 세우려 하심이라 10

이 뜻을 따라 예수 그
리스도의 몸을 단번에
드리심으로 말미암아 우
리가 거룩함을 얻었노라
11 제사장마다 매일 서서
섬기며 자주 같은 제사
를 드리되 이 제사는
언제나 죄를 없게 하지
못하거니와 12 오직 그리
스도는 죄를 위하여 한
영원한 제사를 드리시고
하나님 우편에 앉으사
13 그 후에 자기 원수들
을 자기 발등상이 되게
하실 때까지 기다리시나
니 14 그가 거룩하게 된
자들을 한 번의 제사로
영원히 온전하게 하셨느

니라 15 또한 성령이 우
리에게 증언하시되 16 주
께서 이르시되 그 날 후
로는 그들과 맺을 언약
이 이것이라 하시고 내
법을 그들의 마음에 두
고 그들의 생각에 기록
하리라 하신 후에 17 또
그들의 죄와 그들의 불
법을 내가 다시 기억하
지 아니하리라 하셨으니
18 이것들을 사하셨은즉
다시 죄를 위하여 제사
드릴 것이 없느니라 19
그러므로 형제들아 우리
가 예수의 피를 힘입어
성소에 들어갈 담력을
얻었나니 20 그 길은 우

리를 위하여 휘장 가운
데로 열어 놓으신 새로
운 살 길이요 휘장은
곧 그의 육체니라 21 또
하나님의 집 다스리는
큰 제사장이 계시매 22
우리가 마음에 뿌림을
받아 악한 양심으로부터
벗어나고 몸은 맑은 물
로 씻음을 받았으니 참
마음과 온전한 믿음으로
하나님께 나아가자 23 또
약속하신 이는 미쁘시니
우리가 믿는 도리의 소
망을 움직이지 말며 굳
게 잡고 24 서로 돌아보
아 사랑과 선행을 격려
하며 25 모이기를 폐하는

어떤 사람들의 습관과
같이 하지 말고 오직
권하여 그날이 가까움을
볼수록 더욱 그리하자
26 우리가 진리를 아는
지식을 받은 후 짐짓
죄를 범한즉 다시 속죄
하는 제사가 없고 27 오
직 무서운 마음으로 심
판을 기다리는 것과 대
적하는 자를 태울 맹렬
한 불만 있으리라 28 모
세의 법을 폐한 자도
두세 증인으로 말미암아
불쌍히 여김을 받지 못
하고 죽었거든 29 하물며
하나님의 아들을 짓밟고
자기를 거룩하게 한 언

약의 피를 부정한 것으
로 여기고 은혜의 성령
을 욕되게 하는 자가
당연히 받을 형벌은 얼
마나 더 무겁겠느냐 너
희는 생각하라 30 원수
갚는 것이 내게 있으니
내가 갚으리라 하시고
또 다시 주께서 그의
백성을 심판하리라 말씀
하신 것을 우리가 아노
니 31 살아 계신 하나님
의 손에 빠져 들어가는
것이 무서울진저 32 전날
에 너희가 빛을 받은
후에 고난의 큰 싸움을
견디어 낸 것을 생각하
라 33 혹은 비방과 환난

으로써 사람에게 구경거
리가 되고 혹은 이런
형편에 있는 자들과 사
귀는 자가 되었으니 34
너희가 갇힌 자를 동정
하고 너희 소유를 빼앗
기는 것도 기쁘게 당한
것은 더 낫고 영구한
소유가 있는 줄 앎이라
35 그러므로 너희 담대함
을 버리지 말라 이것이
큰 상을 얻게 하느니라
36 너희에게 인내가 필요
함은 너희가 하나님의
뜻을 행한 후에 약속하
신 것을 받기 위함이라
37 잠시 잠깐 후면 오실
이가 오시리니 지체하지

아니하시리라

38 나의 의인은 믿음으로 말미암아 살리라 또한 뒤로 물러가면 내 마음이 그를 기뻐하지 아니하리라 하셨느니라

39 우리는 뒤로 물러가 멸망할 자가 아니요 오직 영혼을 구원함에 이르는 믿음을 가진 자니라

이번 주 암송 구절 1

한 번 죽는 것은 사람에게 정해진 것이요
그 후에는 심판이 있으리니 (히브리서 9장 27절)

우리는 딱 한 번 살 수 있어요. 죽음을 피할 수 있는 사람은 아무도 없고 죽음 이후에는 심판이 기다리고 있어요. 하지만 예수님이 단 한 번의 제사로 죄를 씻어 주시고 구원하셔서 거룩한 백성으로 삼아주신 사람은 죽음과 심판을 두려워 하지 않아요.

한		번		죽	는		것	은		사	람
에	게		정	해	진		것	이	요		그
후	에	는		심	판	이		있	으	리	니

이번 주 암송 구절 2

우리는 뒤로 물러가 멸망할 자가 아니요 오직 영혼을
구원함에 이르는 믿음을 가진 자니라 (히브리서 10장 39절)

의인은 오직 믿음으로 말미암아 사는 사람이에요. 믿음으로 말미암아 산다는 것은 예수님을 의지하고, 인내함으로써 우리의 의무를 다하는 것이지요. 참된 믿음을 가진 사람은 예수님이 재림하셨을 때 영생을 얻게 될 것을 확신해요.

우	리	는		뒤	로		물	러	가		멸
망	할		자	가		아	니	요		오	직
영	혼	을		구	원	함	에		이	르	는
믿	음	을		가	진		자	니	라		

성경구절 고치기

암송한 말씀을 기억하며 아래의 문장에서 잘못된 곳을 고쳐보세요.

한 번 죽는 것은 사람에게 결정된 것이요

그 후에는 심판이 없으리니

(히브리서 9장 27절)

우리는 뒤로 물러가 도망할 자가 아니요

오직 영혼을 구원함에 이르는 마음을 가진 자니라

(히브리서 10장 39절)

한 줄 기도

한 주 동안 성경을 따라쓰며 느낀 점을 한 줄 기도로 적어보세요.

예시) 크신 하나님이 나의 아버지가 되어주셔서 감사합니다.

열넷째 주

히브리서

11장

1 믿음은 바라는 것들의 실상이요 보이지 않는 것들의 증거니
2 선진들이 이로써 증거를 얻었느니라
3 믿음으로 모든 세계가 하나님의 말씀으로 지어진 줄을 우리가 아나니 보이는 것은 나타난 것으로 말미암아 된 것이 아니니라
4 믿음으로 아벨은 가인보다 더 나은 제사를 하나님께 드림으로 의로운 자라 하시는 증거를 얻었으니 하나님이 그 예물에 대하여 증언하심이라 그가 죽었으나 그 믿음

으로써 지금도 말하느니라
5 믿음으로 에녹은 죽음을 보지 않고 옮겨졌으니 하나님이 그를 옮기심으로 다시 보이지 아니하였느니라 그는 옮겨지기 전에 하나님을 기쁘시게 하는 자라 하는 증거를 받았느니라
6 믿음이 없이는 하나님을 기쁘시게 하지 못하나니 하나님께 나아가는 자는 반드시 그가 계신 것과 또한 그가 자기를 찾는 자들에게 상 주시는 이심을 믿어야 할지니라
7 믿음으로 노아는 아직 보이지 않는 일에

경고하심을 받아 경외함
으로 방주를 준비하여
그 집을 구원하였으니
이로 말미암아 세상을
정죄하고 믿음을 따르는
의의 상속자가 되었느니
라 8 믿음으로 아브라함
은 부르심을 받았을 때
에 순종하여 장래의 유
업으로 받을 땅에 나아
갈새 갈 바를 알지 못
하고 나아갔으며 9 믿음
으로 그가 이방의 땅에
있는 것 같이 약속의 땅
에 거류하여 동일한 약
속을 유업으로 함께 받
은 이삭 및 야곱과 더
불어 장막에 거하였으니

10 이는 그가 하나님이 계획하시고 지으실 터가 있는 성을 바랐음이라

11 믿음으로 사라 자신도 나이가 많아 단산하였으나 잉태할 수 있는 힘을 얻었으니 이는 약속하신 이를 미쁘신 줄 알았음이라

12 이러므로 죽은 자와 같은 한 사람으로 말미암아 하늘의 허다한 별과 또 해변의 무수한 모래와 같이 많은 후손이 생육하였느니라

13 이 사람들은 다 믿음을 따라 죽었으며 약속을 받지 못하였으되 그것들을 멀리서 보고

환영하며 또 땅에서는 외국인과 나그네임을 증언하였으니
14 그들이 이같이 말하는 것은 자기들이 본향 찾는 자임을 나타냄이라
15 그들이 나온 바 본향을 생각하였더라면 돌아갈 기회가 있었으려니와
16 그들이 이제는 더 나은 본향을 사모하니 곧 하늘에 있는 것이라 이러므로 하나님이 그들의 하나님이라 일컬음 받으심을 부끄러워하지 아니하시고 그들을 위하여 한 성을 예비하셨느니라
17 아브라함은 시험을 받을 때에

믿음으로 이삭을 드렸으
니 그는 약속들을 받은
자로되 그 외아들을 드
렸느니라 18 그에게 이미
말씀하시기를 네 자손이
라 칭할 자는 이삭으로
말미암으리라 하셨으니
19 그가 하나님이 능히
이삭을 죽은 자 가운데
서 다시 살리실 줄로
생각한지라 비유컨대 그
를 죽은 자 가운데서
도로 받은 것이니라 20
믿음으로 이삭은 장차
있을 일에 대하여 야곱
과 에서에게 축복하였으
며 21 믿음으로 야곱은
죽을 때에 요셉의 각

아들에게 축복하고 그
지팡이 머리에 의지하여
경배하였으며 22 믿음으로
요셉은 임종시에 이스라
엘 자손들이 떠날 것을
말하고 또 자기 뼈를
위하여 명하였으며 23 믿
음으로 모세가 났을 때
에 그 부모가 아름다운
아이임을 보고 석 달
동안 숨겨 왕의 명령을
무서워하지 아니하였으며
24 믿음으로 모세는 장성
하여 바로의 공주의 아
들이라 칭함 받기를 거
절하고 25 도리어 하나님
의 백성과 함께 고난
받기를 잠시 죄악의 낙

울 누리는 것보다 더
좋아하고 26 그리스도를
위하여 받는 수모를 애
굽의 모든 보화보다 더
큰 재물로 여겼으니 이
는 상 주심을 바라봄이
라 27 믿음으로 애굽을
떠나 왕의 노함을 무서
워하지 아니하고 곧 보
이지 아니하는 자를 보
는 것같이 하여 참았으
며 28 믿음으로 유월절과
피 뿌리는 예식을 정하
였으니 이는 장자를 멸
하는 자로 그들을 건드
리지 않게 하려 한 것
이며 29 믿음으로 그들은
홍해를 육지같이 건넜으

나 애굽 사람들은 이것
을 시험하다가 빠져 죽
었으며 30 믿음으로 칠
일 동안 여리고를 도니
성이 무너졌으며 31 믿음
으로 기생 라합은 정탐
꾼을 평안히 영접하였으
므로 순종하지 아니한
자와 함께 멸망하지 아
니하였도다 32 내가 무슨
말을 더 하리요 기드온,
바락, 삼손, 입다,
다윗 및 사무엘과 선지
자들의 일을 말하려면
내게 시간이 부족하리로
다 33 그들은 믿음으로
나라들을 이기기도 하며
의를 행하기도 하며 약

속을 받기도 하며 사자
들의 입을 막기도 하며
34 불의 세력을 멸하기도
하며 칼날을 피하기도
하며 연약한 가운데서
강하게 되기도 하며 전
쟁에 용감하게 되어 이
방 사람들의 진을 물리
치기도 하며 35 여자들은
자기의 죽은 자들을 부
활로 받아들이기도 하며
또 어떤 이들은 더 좋
은 부활을 얻고자 하여
심한 고문을 받되 구차
히 풀려나기를 원하지
아니하였으며 36 또 어떤
이들은 조롱과 채찍질뿐
아니라 결박과 옥에 갇

히는 시련도 받았으며
37 돌로 치는 것과 톱으
로 켜는 것과 시험과
칼로 죽임을 당하고 양
과 염소의 가죽을 입고
유리하여 궁핍과 환난과
학대를 받았으니
38 (이
런 사람은 세상이 감당
하지 못하느니라) 그들
이 광야와 산과 동굴과
토굴에 유리하였느니라
39 이 사람들은 다 믿음
으로 말미암아 증거를
받았으나 약속된 것을
받지 못하였으니
40 이는
하나님이 우리를 위하여
더 좋은 것을 예비하셨
은즉 우리가 아니면 그

들로 온전함을 이루지
못하게 하려 하심이라

1 이러므로 우리에게 구
름같이 둘러싼 허다한
증인들이 있으니 모든
무거운 것과 얽매이기
쉬운 죄를 벗어 버리고
인내로써 우리 앞에 당
한 경주를 하며 2 믿음
의 주요 또 온전하게
하시는 이인 예수를 바
라보자 그는 그 앞에
있는 기쁨을 위하여 십
자가를 참으사 부끄러움
을 개의치 아니하시더니
하나님 보좌 우편에 앉
으셨느니라 3 너희가 피

곤하여 낙심하지 않기 위하여 죄인들이 이같이 자기에게 거역한 일을 참으신 이를 생각하라
4 너희가 죄와 싸우되 아직 피흘리기까지는 대항하지 아니하고
5 또 아들들에게 권하는 것같이 너희에게 권면하신 말씀도 잊었도다 일렀으되 내 아들아 주의 징계하심을 경히 여기지 말며 그에게 꾸지람을 받을 때에 낙심하지 말라
6 주께서 그 사랑하시는 자를 징계하시고 그가 받아들이시는 아들마다 채찍질하심이라 하

였으니 7 너희가 참음은
징계를 받기 위함이라
하나님이 아들과 같이
너희를 대우하시나니 어
찌 아버지가 징계하지
않는 아들이 있으리요
8 징계는 다 받는 것이
거늘 너희에게 없으면
사생자요 친아들이 아니
니라 9 또 우리 육신의
아버지가 우리를 징계하
여도 공경하였거든 하물
며 모든 영의 아버지께
더욱 복종하며 살려 하
지 않겠느냐 10 그들은
잠시 자기의 뜻대로 우
리를 징계하였거니와 오
직 하나님은 우리의 유

익을 위하여 그의 거룩
하심에 참여하게 하시느
니라 11 무릇 징계가 당
시에는 즐거워 보이지
않고 슬퍼 보이나 후에
그로 말미암아 연단 받
은 자들은 의와 평강의
열매를 맺느니라 12 그러
므로 피곤한 손과 연약
한 무릎을 일으켜 세우
고 13 너희 발을 위하여
곧은 길을 만들어 저는
다리로 하여금 어그러지
지 않고 고침을 받게
하라 14 모든 사람과 더
불어 화평함과 거룩함을
따르라 이것이 없이는
아무도 주를 보지 못하

리라 15 너희는 하나님의 은혜에 이르지 못하는 자가 없도록 하고 또 쓴 뿌리가 나서 괴롭게 하여 많은 사람이 이로 말미암아 더럽게 되지 않게 하며 16 음행하는 자와 혹 한 그릇 음식을 위하여 장자의 명분을 판 에서와 같이 망령된 자가 없도록 살피라 17 너희가 아는 바와 같이 그가 그 후에 축복을 이어받으려고 눈물을 흘리며 구하되 버린 바가 되어 회개할 기회를 얻지 못하였느니라 18 너희는 만질 수 있고

불이 붙는 산과 침침함
과 흑암과 폭풍과 19 나
팔 소리와 말하는 소리
가 있는 곳에 이른 것
이 아니라 그 소리를
듣는 자들은 더 말씀하
지 아니하시기를 구하였
으니 20 이는 짐승이라도
그 산에 들어가면 돌로
침을 당하리라 하신 명
령을 그들이 견디지 못
함이라 21 그 보이는 바
가 이렇듯 무섭기로 모
세도 이르되 내가 심히
두렵고 떨린다 하였느니
라 22 그러나 너희가 이
른 곳은 시온 산과 살
아 계신 하나님의 도성

인 하늘의 예루살렘과
천만 천사와 23 하늘에
기록된 장자들의 모임과
교회와 만민의 심판자이
신 하나님과 및 온전하
게 된 의인의 영들과
24 새 언약의 중보자이신
예수와 및 아벨의 피보
다 더 나은 것을 말하
는 뿌린 피니라 25 너희
는 삼가 말씀하신 이를
거역하지 말라 땅에서
경고하신 이를 거역한
그들이 피하지 못하였거
든 하물며 하늘로부터
경고하신 이를 배반하는
우리일까보냐 26 그때에는
그 소리가 땅을 진동하

였거니와 이제는 약속하
여 이르시되 내가 또
한 번 땅만 아니라 하
늘도 진동하리라 하셨느
니라 27 이 또 한 번이
라 하심은 진동하지 아
니하는 것을 영존하게
하기 위하여 진동할 것
들 곧 만드신 것들이
변동될 것을 나타내심이
라 28 그러므로 우리가
흔들리지 않는 나라를
받았은즉 은혜를 받자
이로 말미암아 경건함과
두려움으로 하나님을 기
쁘시게 섬길지니 29 우리
하나님은 소멸하는 불이
심이라

이번 주 암송 구절 1

믿음은 바라는 것들의 실상이요 보이지 않는 것들의 증거니
(히브리서 11장 1절)

믿음은 예수님의 재림이나 죽은 사람들의 부활처럼 우리가 바라는 미래 사건의 모습이에요. 또 믿음은 죄 사함이나 우리 안에 거하시는 성령님, 우리를 위해 기도하시는 예수님, 하나님께 가까이 나아가는 것 등 눈에 보이지 않는 것들을 믿도록 설득하는 증거예요. 그리고 그리스도인은 이러한 믿음으로 살아가는 사람이에요.

믿	음	은		바	라	는		것	들	의	
실	상	이	요		보	이	지		않	는	
것	들	의		증	거	니					

이번 주 암송 구절 2

믿음의 주요 또 온전하게 하시는 이인 예수를 바라보자
(히브리서 12장 2a절)

인생은 마라톤 경기와 같아요. 그리고 우리는 구경꾼이 아니라 경기에 출전한 선수예요. 어려운 환경에 항복하거나 죄의 유혹에 빠지지 않고 오직 예수님을 바라보며 믿음의 경주를 마쳤을 때, 우리는 하나님이 예비하신 상을 받을 수 있어요.

믿음의 주요 또 온전하게 하시는 이인 예수를 바라보자

성경구절 고치기

암송한 말씀을 기억하며 아래의 문장에서 잘못된 곳을 고쳐보세요.

믿음은 바라는 것들의 실물이요

보이지 않는 것들의 증거니

(히브리서 11장 1절)

믿음의 주요 또 온전하게 하시는 분인

예수를 바라보자

(히브리서 12장 2a절)

한 줄 기도

한 주 동안 성경을 따라쓰며 느낀 점을 한 줄 기도로 적어보세요.

예시) 크신 하나님이 나의 아버지가 되어주셔서 감사합니다.

13장

1 형제 사랑하기를 계속
하고 2 손님 대접하기를
잊지 말라 이로써 부지
중에 천사들을 대접한
이들이 있었느니라 3 너
희도 함께 갇힌 것같이
갇힌 자를 생각하고 너
희도 몸을 가졌은즉 학
대 받는 자를 생각하라
4 모든 사람은 결혼을
귀히 여기고 침소를 더
럽히지 않게 하라 음행
하는 자들과 간음하는
자들을 하나님이 심판하
시리라 5 돈을 사랑하지
말고 있는 바를 족한
줄로 알라 그가 친히

말씀하시기를 내가 결코
너희를 버리지 아니하고
너희를 떠나지 아니하리
라 하셨느니라 6 그러므
로 우리가 담대히 말하
되 주는 나를 돕는 이
시니 내가 무서워하지
아니하겠노라 사람이 내
게 어찌하리요 하노라
7 하나님의 말씀을 너희
에게 일러 주고 너희를
인도하던 자들을 생각하
며 그들의 행실의 결말
을 주의하여 보고 그들
의 믿음을 본받으라 8
예수 그리스도는 어제나
오늘이나 영원토록 동일
하시니라 9 여러 가지

다른 교훈에 끌리지 말라 마음은 은혜로써 굳게 함이 아름답고 음식으로써 할 것이 아니니 음식으로 말미암아 행한 자는 유익을 얻지 못하였느니라

10 우리에게 제단이 있는데 장막에서 섬기는 자들은 그 제단에서 먹을 권한이 없나니

11 이는 죄를 위한 짐승의 피는 대제사장이 가지고 성소에 들어가고 그 육체는 영문 밖에서 불사름이라

12 그러므로 예수도 자기 피로써 백성을 거룩하게 하려고 성문 밖에서 고난을 받

으셨느니라 13 그런즉 우
리도 그의 치욕을 짊어
지고 영문 밖으로 그에
게 나아가자 14 우리가
여기에는 영구한 도성이
없으므로 장차 올 것을
찾나니 15 그러므로 우리
는 예수로 말미암아 항
상 찬송의 제사를 하나
님께 드리자 이는 그
이름을 증언하는 입술의
열매니라 16 오직 선을
행함과 서로 나누어 주
기를 잊지 말라 하나님
은 이 같은 제사를 기
뻐하시느니라 17 너희를
인도하는 자들에게 순종
하고 복종하라 그들은

너희 영혼을 위하여 경
성하기를 자신들이 청산
할 자인 것같이 하느니
라 그들로 하여금 즐거
움으로 이것을 하게 하
고 근심으로 하게 하지
말라 그렇지 않으면 너
희에게 유익이 없느니라
18 우리를 위하여 기도하
라 우리가 모든 일에
선하게 행하려 하므로
우리에게 선한 양심이
있는 줄을 확신하노니
19 내가 더 속히 너희에
게 돌아가기 위하여 너
희가 기도하기를 더욱
원하노라 20 양들의 큰
목자이신 우리 주 예수

를 영원한 언약의 피로
죽은 자 가운데서 이끌
어 내신 평강의 하나님
이 21 모든 선한 일에
너희를 온전하게 하사
자기 뜻을 행하게 하시
고 그 앞에 즐거운 것
을 예수 그리스도로 말
미암아 우리 가운데서
이루시기를 원하노라 영
광이 그에게 세세 무궁
토록 있을지어다 아멘
22 형제들아 내가 너희를
권하노니 권면의 말을
용납하라 내가 간단히
너희에게 썼느니라 23 우
리 형제 디모데가 놓인
것을 너희가 알라 그가

속히 오면 내가 그와
함께 가서 너희를 보리
라 24 너희를 인도하는
자들과 및 모든 성도들
에게 문안하라 이달리야
에서 온 자들도 너희에
게 문안하느니라 25 은혜
가 너희 모든 사람에게
있을지어다

이번 주 암송 구절 1

그러므로 우리는 예수로 말미암아 항상 찬송의 제사를 하나님께 드리자 이는 그 이름을 증언하는 입술의 열매니라
(히브리서 13장 15절)

그리스도인은 '예수로 말미암아' 항상 하나님께 찬송의 제사를 드려요. 이것은 호세아 선지자가 이야기한 것처럼 하나님의 이름을 증언하는 '입술의 열매'예요. 하나님은 그분의 이름을 인정하며 찬송하는 예배를 기뻐 받으세요.

그러므로 우리는 예수로
말미암아 항상 찬송의
제사를 하나님께 드리자
이는 그 이름을 증언하
는 입술의 열매니라

성경구절 고치기

암송한 말씀을 기억하며 아래의 문장에서 잘못된 곳을 고쳐보세요.

그러므로 우리는 예수로 말미암아

항상 경배의 제사를 하나님께 드리자

이는 그 생각을 증언하는

입술의 과실이니라

(히브리서 13장 15절)

한 줄 기도

한 주 동안 성경을 따라쓰며 느낀 점을 한 줄 기도로 적어보세요.

예시) 크신 하나님이 나의 아버지가 되어주셔서 감사합니다.

사랑을 더하면 온전해집니다.

이 모든 것 위에 사랑을 더하라 이는 온전하게 매는 띠니라(골 3:14).

도서출판 사랑플러스는 이 땅의 모든 교회와 성도들을 섬기기 위해 국제제자훈련원이 설립한 출판 사역 기관입니다.

어린이를 위한 로마서 히브리서 쓰기 성경 필사노트

초판 1쇄 인쇄 2021년 10월 25일
초판 1쇄 발행 2021년 11월 1일

엮은이 사랑플러스 편집부
그림 및 디자인 박정아

펴낸이 오정현
펴낸곳 사랑플러스
등록번호 제2002-000032호(2002년 2월 15일)
주소 서울시 서초구 효령로68길 98(서초동)
전화 02)3489-4300 **팩스** 02)3489-4329
이메일 dmipress@sarang.org

ISBN 979-11-88402-12-0
ISBN 979-11-88402-10-6 (세트)

※ 책값은 뒤표지에 있습니다. 잘못된 책은 구입하신 곳에서 교환해 드립니다.